Die Harmonische Babymassage

urania

Heidi Velten • Bruno Walter

Die Harmonische Babymassage

Weitere Titel zum Thema bei Urania:

Dr. Carol Cooper: Wie Babys wachsen. ISBN 978-3-332-01956-8
Bel Gibbs: Yoga für Kinder. ISBN 978-3-332-01688-8
Wendy Kavanagh: Sanfte Berührung für Ihr Baby. ISBN 978-3-332-01811-0
Gerda Pighin: 100 Elternfragen – Die Entwicklung Ihres Kindes. ISBN 978-3-332-01922-3
Gerda Pighin: Die besten Förderspiele von 0 bis 6 Jahren. ISBN 978-3-332-01706-9
Dr. Miriam Stoppard: So fördere ich mein Kind. ISBN 978-3-332-01311-5

Die im Buch veröffentlichten Ratschläge wurden von den Verfassern sorgfältig erarbeitet und geprüft. Eine Garantie kann dennoch nicht übernommen werden, ebenso ist eine Haftung des Verfassers bzw. des Verlages und seiner Beauftragten für Personen-, Sach- und Vermögensschäden ausgeschlossen.

Bibliografische Information der Deutschen Bibliothek
Die Deutsche Bibliothek verzeichnet diese Publikation in der Deutschen Nationalbibliografie; detaillierte bibliografische Daten sind im Internet über http://dnb.ddb.de abrufbar.

Postfach 80 06 69, 70506 Stuttgart

www.urania-verlag.de

Umschlaggestaltung: Behrend & Buchholz, Hamburg
Titelfoto: Heidi Velten
Fotos: Heidi Velten
Satz: Arnold & Domnick, Leipzig
Illustrationen: Sandy Walter, Stuttgart
Druck: Westermann Druck Zwickau
Printed in Germany

ISBN 978-3-332-01982-7

Vorwort 7

1 Zärtliche Zuwendung für Ihr Baby **9**

Warum Babymassage? 10

Die Bedeutung der Berührung in der frühkindlichen Entwicklung 11

Vorteile der Babymassage 15

Praktische Vorbereitungen und das angenehme Drumherum 16

Massageöle 20

Welche Sitzposition ist für die Massage empfehlenswert? 21

Wie beginne ich die erste Massage? 23

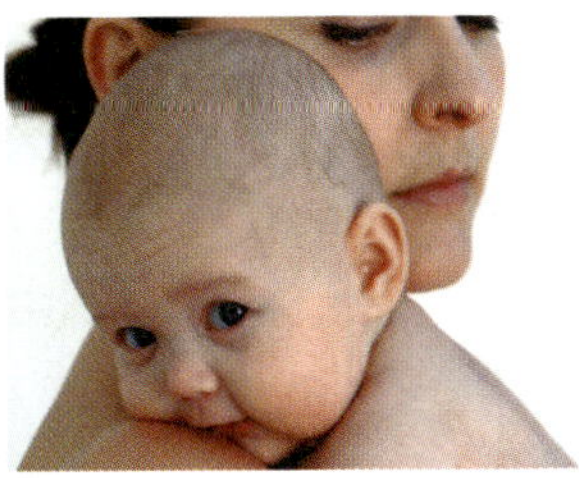

2 Zu Harmonie und Ruhe finden **25**

Die Harmonische Babymassage 26

Massage ist nicht nur Technik 26

Die »Aussagen« Ihres Babys verstehen lernen 30

Natur frei Haus 32

3 Die Massage-Technik erlernen **35**

Einführung in die Technik der Babymassage 36

Ruhige Minute 39

Heiße Hände 39

Begrüßung »Schmetterlingsgriff« (Special) 40

Herzgriff (Massagegriff) 40

Andreasgriff (Massagegriff) 41

Beine 42

Füße 43

Arme (Massagegriff) 45

Hände (Massagegriff)................. 46

Rücken (Massagegriff) 47

Bauch- und Kolonmassage (Massagegriffe) 49

Kopf (Special) 50

Abschluss des Massagekurses 53

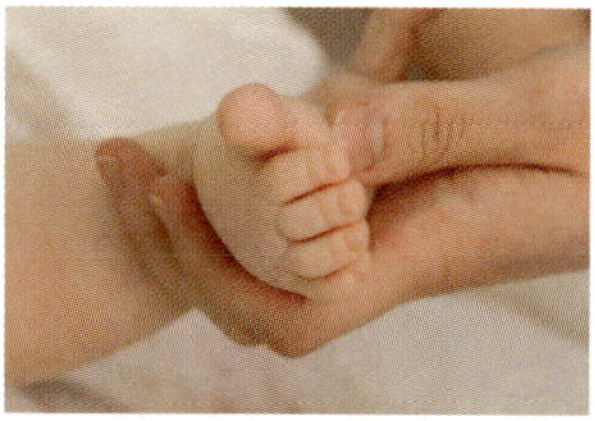

4 **Die Reflexzonen behandeln** **57**

»Widerspiegelung« bestimmter Körperteile 58

Lebensenergie anregen 60

Reflexzonen in der Babymassage 62

Ätherische Öle und ihre Wirkung über die Fußreflexzonen 64

5 **Die Massage richtig begleiten** **67**

Wecken Sie alle Sinne Ihres Babys 68

Duft 69

Farbe 74

Musik 78

6 **Gleichgewicht und Rhythmus** **87**

Urprinzip der Schöpfung 88

Rhythmen führen zu einem inneren Gleichgewicht 92

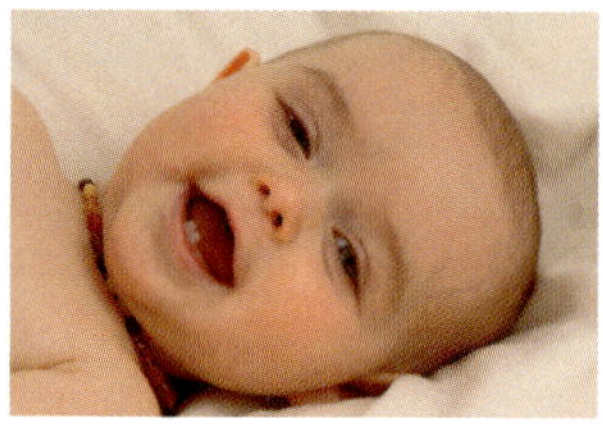

7 **Was Eltern wissen wollen** **95**

Fragen, die häufig gestellt werden 96

Meinungen von Müttern und Vätern 105

8 **Verse und Lieder zur Massage** **107**

Massageverse 108

Anhang 124

Über die Autoren 128

Liebe Eltern,

zwanzig Jahre Harmonische Babymassage: Wir freuen uns, dass gerade zum Jubiläum die vierte, völlig neu überarbeitete Auflage erscheint. Die Harmonische Babymassage nach Bruno Walter ist inzwischen national und international ein Begriff.

Sie hat in ihrer Einzigartigkeit einen hohen Stellenwert erlangt und viel Beachtung, Anerkennung und Anwendung gefunden. Deshalb ist dieses Buch mittlerweile in mehrere Sprachen übersetzt worden. In diesen Jahren sind über 5000 Fachkräfte im In- und Ausland zu Kursleiterinnen von uns ausgebildet worden. Ebenso wurden Fachkräfte in Kliniken, auf Frühchen- und Frühchen-Intensivstationen in der Harmonischen Babymassage geschult.

Ihre Wurzeln hat die Harmonische Babymassage in der indischen Babymassage, die auf einer sehr langen Tradition basiert. Babymassage in Indien ist uraltes Kulturgut, das schon über Generationen weitergegeben wird. Während verschiedener Aufenthalte in Indien wurde schnell klar, dass die kulturellen Unterschiede sehr groß sind.

Eine Anpassung der indischen Babymassage an europäische Gepflogenheiten erschien unumgänglich. Ein ganzheitlicher Ansatz, die Einbeziehung aller Sinne, die Berücksichtigung und Förderung der wesentlichen Entwicklungsschritte des Kindes und die Unterstützung der Eltern im Sinne einer Elternschule erschienen daher sinnvoll.

Hier setzt auch das ganz individuelle Konzept der Harmonischen Babymassage an: Spezielle Massagegriffe fördern gezielt ganz bestimmte körperliche Entwicklungsabläufe. Sinnesreize wie Farben, Düfte, Musik und Klänge umrunden die Massage und beeinflussen die Entwicklungsschritte entscheidend. Fachleute, etwa Hebammen und Kinderkrankenschwestern, die die Harmonische Babymassage praktizieren, äußerten sich dazu durchweg positiv. Auch in der Fachwelt hat dieser Aspekt in seiner Notwendigkeit zunehmend Anerkennung gefunden.

Die Harmonische Babymassage vermittelt Müttern und Vätern mehr Sicherheit und Verständnis im Umgang mit ihren Kindern. Sie lernen körpersprachliche Äußerungen klarer zu erkennen und besser zu verstehen. Die Harmonische Babymassage wirkt sich dadurch auch positiv auf das Miteinander von Eltern und Kind aus.

Wir wünschen Ihnen und Ihrem Kind viel Spaß bei der Harmonischen Babymassage.

Bruno Walter, Heidi Velten

Zärtliche Zuwendung für Ihr Baby

Zuwendung hilft dem Baby, ein gesundes Körpergefühl zu entwickeln, und festigt die Beziehung zwischen Eltern und Kind auf wunderbare Weise.

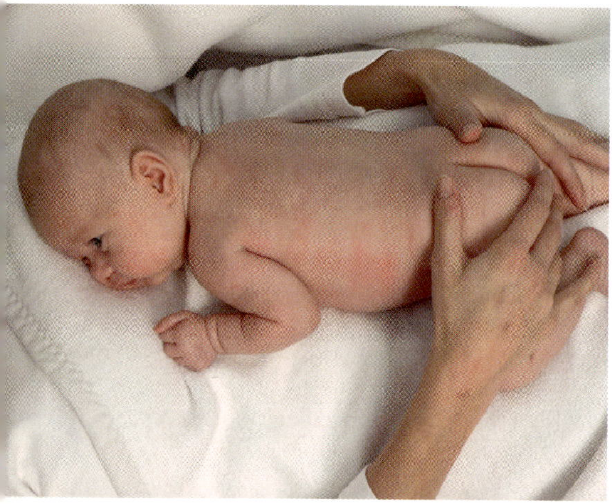

Nähe und Berührung tun Babys gut.

Warum Babymassage?

Viele stutzen zunächst einmal und fragen nach der Notwendigkeit, ein Baby zu massieren. In den Köpfen der Allgemeinheit wird die Massage immer noch zur Behebung von körperlichen Beschwerden und auch Unwohlsein eingesetzt. Erst an zweiter Stelle gewinnt der Aspekt der sanften Berührung Beachtung.

Babymassage ist keine direkte Massagetherapie

Sie ist auch ein Wechselspiel, ein Geben und Nehmen von zärtlichen Gefühlen. Auf spielerische Art und Weise vertieft sie die Verbindung zwischen Eltern und Kind und ist für beide Seiten eine Bereicherung und Erfüllung. So fördert sie auf ganz natürliche Weise die Gesundheit. Körperkontakt und Berührung, liebevolle, bewusste Berührung, sind die wichtigsten Grundbausteine und Voraussetzungen für ein rundum gesundes Aufwachsen auf dem Weg hin zu einem glücklichen, ausgeglichenen Menschen. Stress, Spannungen und psychische Probleme bei Erwachsenen haben nicht selten ihren Ursprung in einer glücklosen Kindheit mit wenig emotionaler und körperlicher Zuwendung.
Die Botschaft der Hände und des Herzens versteht jedes Baby instinktiv. Unterschätzen Sie nicht die Wahrnehmungsfähigkeit seiner Sinne. Die klei-

nen, unberührten Wesen entwickeln ein erstaunlich genaues Gespür dafür, welche Berührungen zärtlich, liebevoll und »bewusst« geschehen und welche oberflächlich und mechanisch sind oder wenn Mutter und Vater mit den Gedanken woanders sind. Voraussetzung für eine wirksame Massage ist das sich vollkommene Einlassen des Massierenden auf das Gefühl der Berührung, denn dann ist die Massage auch eine Möglichkeit zur Kommunikation zwischen Eltern und Kind.

Die Bedeutung der Berührung in der frühkindlichen Entwicklung

Die Erfahrung der Berührung in der Säuglingszeit bildet mit eine wesentliche Grundlage für Vertrauen und Selbstbewusstsein – im wahrsten Sinne des Wortes – und für die Fähigkeit, sich in sich selbst und in der Welt aufgehoben zu fühlen. Gesundheit und bewusstes Leben sind typische Schlagworte unserer durch und durch körperbetonten Gesellschaft. Fast jeder meint heute zu wissen, wie wichtig Vitalität und geistige und körperliche Entspannung für das Wohlergehen von Körper, Geist und Psyche sind. Was den meisten aber nicht bewusst ist: Die Wiege dazu liegt in der Zeit der frühkindlichen Entwicklung. Schon in den ersten

Liebevolle Zuwendung ist eine wesentliche Grundlage für Vertrauen und Selbstbewusstsein.

Lebenswochen und -monaten entscheidet sich mit, ob in dem kleinen Wesen der Grundstein einer gesunden Entwicklung gelegt wird, auf dem sich in den folgenden Jahren aufbauen lässt. Das Empfindungsvermögen der Haut ist neben dem Gehörsinn eine der zuerst entwickelten Fähigkeiten des Körpers und zu diesem Zeitpunkt, wie das Ohr, außerordentlich empfänglich. Die Haut ist eines der primären Sinnesorgane des Babys, und deshalb hat es die Natur so eingerichtet, dass das Kontaktbedürfnis der Kleinen genauso stark ausgebildet ist wie das Bedürfnis zu hören, zu essen und zu trinken. Auch wenn sie ausgeschlafen, satt und zufrieden sind: Ohne Hautkontakt, Berührungen und Klang der Stimme der Mutter oder des Vaters fühlen sie sich irgendwie leidend.
Immer wieder haben die unterschiedlichsten Untersuchungen gezeigt, dass Babys, die nicht regelmäßig berührt, liebkost und intensiv taktilen Reizen und anderen positiven Sinnesreizen (wie hören, riechen usw.) ausgesetzt werden, psychisch und physisch Mangelerscheinungen zeigen. Mittlerweile ist es wissenschaftlich erwiesen, dass der Hautkontakt und der verbale Kontakt zwischen Eltern und Kindern maßgeblich für die gesamte Entwicklung sind. Unterentwickeltes Körperbewusstsein, Stressanfälligkeit, Süchte und die dahinter verborgenen Sehnsüchte, aber auch Haltungsschäden, die sich äußerlich und innerlich bemerkbar machen, generell ein fremdes Gefühl für den eigenen Körper und den Mitmenschen, stehen wahrscheinlich in engem Zusammenhang mit zu sparsamem Körperkontakt und verbaler Zuwendung nach der Geburt und im Säuglingsalter. Immer wieder übermäßig weinende Babys spannen ganz automatisch ihre Muskeln an und verkrampfen sich immer mehr, wenn sie nicht aufgenommen oder getröstet werden. Ein Teufelskreis entsteht. Natürlich liegt da die Vermutung nahe, dass diese ungetrösteten Kinder später eher zu Haltungs-

schäden und Steifheit neigen als Kinder, die getröstet, gestreichelt und liebkost werden. Was kann man also Besseres tun, als schon die Startbedingungen der wachsenden Muskeln, Gelenke und auch des wachsenden Innenlebens durch liebevolle, bewusste Berührung und Zuwendung zu unterstützen?

Forschungsergebnisse

Seit Jahren schon stützen verschiedene Forschungsergebnisse immer mehr die These, dass der Körperkontakt gerade in den allerersten Lebensmonaten von großer Bedeutung ist. Das Empfinden liebevoller Berührung – Streicheln, Liebkosen und Schmusen – ist für das Kind eine notwendige Basis, später einmal auch selbst zärtlich zu anderen sein zu können und Liebe weiterzugeben. All diese taktilen Erfahrungen geben dem kleinen, noch hilflosen Menschenwesen das Gefühl von Sicherheit und Geborgenheit. Der mütterliche Geruch, die Stimme und die bekannte Mimik und Gestik runden das gesamte Wohlgefühl noch weiter ab.

Welche wichtige Rolle taktile Erfahrungen für das gesunde Wachstum und die Entwicklung des Organismus spielen, hat sich durch zahlreiche Untersuchungen bei Tieren immer mehr herauskristallisiert. In einer Reihe von Experimenten mit Säugetieren wurde eindeutig festgestellt, dass diejenigen Tiere, die

Streicheln, liebkosen und schmusen vermitteln dem Baby ein Gefühl von Geborgenheit und Sicherheit.

neben der normalen Fütterung zusätzlich noch gestreichelt wurden, weitaus schneller wuchsen und schneller lernten als die Säugetiere, die nicht mit Streicheleinheiten verwöhnt wurden. Der gesamte Knochen- und Körperbau war bei den gestreichelten Tieren kräftiger. Auffallend war auch ihre deutlich bessere Nervenstärke im Umgang mit Stresssituationen. Diese Untersuchungen zeigten ganz deutlich, wie wichtig liebevolle Berührungen von klein auf sind. Je früher man mit der richtigen taktilen Stimulierung beginnt, desto wirksamer ist sie.
Bekannt ist, dass die Entwicklung von Kleinkindern in Waisenhäusern erheblich verlangsamt ist. Sie können längst nicht so viel körperliche Zuwendung genießen wie Kinder, die in Familien aufwachsen und rund um die Uhr behütet werden.

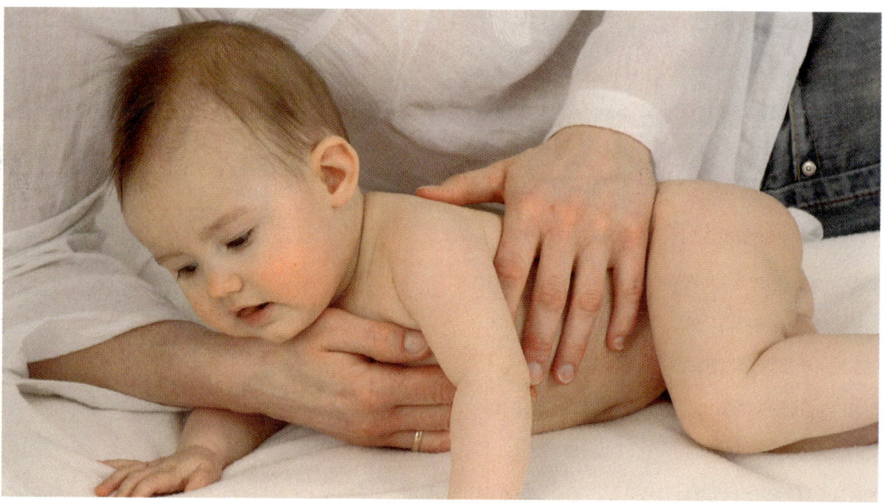

Ein Kind, das sich geliebt und geborgen fühlt, fängt selbstbewusst an, seine Umgebung zu entdecken.

Vorteile der Babymassage

Körperkontakt und liebevolle Zuwendung sind für Neugeborene genauso wichtig wie die Nahrungsaufnahme.

»Unter den Säugetieren gibt es Neugeborene, für die es lebensnotwendig ist, nach der Geburt geleckt zu werden. Wenn die Mutter das instinktiv nicht tut, können sie nicht überleben«, erklärt Bruno Walter.

Bis zum zweiten Lebensjahr, also innerhalb von nur 24 Monaten, lernen und vervollständigen Kinder alle motorischen Körperfunktionen, die lebensnotwendig sind. Sie lernen greifen, zeigen, robben, krabbeln, stehen und laufen – eine riesige Herausforderung für das kleine Wesen. Nie wieder im Leben wird es in so kurzer Zeit so viele und so wesentliche Funktionen lernen, wiederholen und üben.
Die Natur hat es aber auch so eingerichtet, dass der Mensch zu Beginn seines Lebens ganz besonders anpassungsfähig, lernbereit und wissbegierig ist. Wer das weiß, kann diese wichtige Zeit im Sinne seines Sprösslings optimal nutzen und so schon früh die Anlagen zu einer Persönlichkeitsreifung und zu

Zeigen, Greifen, Krabbeln, Stehen und Laufen sind wichtige Meilensteine in der Entwicklung, um die Welt begreifen zu lernen.

einem guten Sozialverhalten legen. Es ist aber auch zu betonen, dass ein Zuviel, also eine Überforderung durch Reize, genauso ungünstig ist wie zu wenig Reize.

Babymassage fördert eindeutig die Ruhe und Entspannung der Babys und der Eltern. Sie hält die Muskulatur weich und elastisch, regt die Durchblutung an und fördert das Gefühl körperlicher Geborgenheit. Gerade Eltern, die den Schlafrhythmus ihres Kindes verbessern wollen, können durch regelmäßige Massage das Kind in seiner Grundstimmung erheblich beruhigen. Ebenso werden die quälenden Dreimonatskoliken günstig beeinflusst und gelindert. Natürlich streicheln alle Eltern ihr Baby instinktiv, und das ist eine wunderbare Einrichtung der Natur.

Die Babymassage allerdings, als bewusste, liebevolle Behandlung verstanden, ist das entscheidende Mehr, mit dem Väter und Mütter so richtig »Fühlung« zu ihrem Kind aufnehmen können. Sie ergänzt auf wunderbare Weise die sprachliche Kommunikation und hilft den Eltern, sich ganz bewusst auf das kleine Wesen einzulassen, das sich wiederum aufgehoben, behütet und geliebt fühlt.

Praktische Vorbereitungen und das angenehme Drumherum

Jede Mutter und jeder Vater kann die Babymassage ohne große Anstrengung erlernen. Das Wichtigste hat jedermann eigentlich »im Handgepäck«: Zeit und ein wenig Fingerspitzengefühl. Auch wenn Ihnen das Kind noch so zerbrechlich vorkommt: Sie brauchen keine Angst zu haben, es durch die Massage zu kräftig anzufassen.

Diese Basisöle (kaltgepresste Pflanzenöle) sind für Babys besonders verträglich

Die hier angeführten Öle sind nur eine kleine Auslese. Wirkung und Duft dieser Öle können Sie selbst durch die Zugabe von ätherischen Ölen vertiefen und verfeinern.

- *Süßes Mandelöl* Pflegt und nährt die Haut und ist für jedes Alter und jeden Hauttyp geeignet.
- *Jojobaöl* Macht die Haut durch seinen hohen Nährstoffgehalt sehr geschmeidig und weich und hat einen natürlichen Lichtschutzfaktor. Eignet sich auch für entzündliche und zu Ekzemen neigende Haut.
- *Weizenkeimöl* Enthält viel Vitamin E und ist für trockene Haut geeignet, weil sie intensiv regeneriert und pflegt.
- *Johanniskrautöl* Ein sehr kräftiges Öl, das sich besonders bei Verbrennungen, Sonnenbrand, kleinen Wunden und Hautreizungen bewährt hat. Da es angeblich die Eigenschaften des Sonnenlichtes speichern kann, soll es Wärme und Fröhlichkeit auslösen. Vorsicht aber: Johanniskrautöl wirkt fototoxisch. Das heißt, es macht die Haut bei manchen Kindern lichtempfindlicher, und Sie sollten daher nach der Massage noch eine Weile direkte Sonneneinwirkung auf das Baby vermeiden.
- *Olivenöl* Erhält den Hauttonus und ist auch geeignet bei entzündlicher Haut oder Muskel- und Gelenkproblemen.
- *Aloe-Vera-Öl* Dieses Öl ist besonders reich an Vitaminen, Mineralstoffen und Enzymen. Es spendet Feuchtigkeit, bindet sie in der Haut und verbessert den Hautstoffwechsel. Besonders bei Hautreizungen durch zu intensive Sonneneinwirkung kann das Aloe-Vera-Öl beruhigend und heilsam wirken.

Das Kind braucht neben gefühlsmäßigem Halt auch körperlichen. Zu vorsichtige Berührungen bei der Massage bewirken dann oft ein Gefühl von Unsicherheit. Bruno Walter rät deshalb:

»Legen Sie bei der Massage möglichst immer so viel Fläche Ihrer Hand auf das Kind wie möglich. Zu punktuelle Berührungen sind für Säuglinge oft unangenehm.«

Mit etwas Instinkt haben Sie bald den Dreh heraus, wie fest Sie Ihren Schützling massieren können, sodass er diesen Körperkontakt immer wieder als Genuss empfindet.
Wählen Sie am besten eine Tageszeit dafür aus, in der Sie selbst innerlich gelassen, ohne Termindruck oder innere Unruhe, einfach mit dem Baby verweilen können. Unglaublich, aber wahr: Jede Unruhe und jeder Stress, der während der Massage entsteht, überträgt sich sofort auf das Kind. Die Kleinen reagieren unaufmerksam und quengelig.
Um die Atmosphäre wohlig vorzubereiten, sollten Sie für die Massage ein kuscheliges, warmes Plätzchen auswählen, an dem es nicht zu hell sein sollte. Weiches, warmes Licht und eine angenehme Raumwärme fördern die Entspannung bei Ihnen selbst und dem Baby. Vorsicht aber vor überheizten Räumen!
Stellen Sie eine Schale mit Massageöl neben sich, damit es immer griffbereit ist und die Massage nicht aus dem Fluss kommt. Am Anfang sollten Sie nicht länger als 10 bis 15 Minuten massieren. 10 Minuten Babymassage entsprechen einer Stunde körperlicher Schwerarbeit beim Erwachsenen. Im Sommer können Sie Ihr Kind auch im Halbschatten draußen in freier Natur massieren.

Eine gemütliche Umgebung mit ruhiger Musik schafft die richtige Stimmung für eine Babymassage.

Beliebte Unterlagen sind Schaffelle oder weiche Babydecken aus Naturfasern. Um eine heimelige, wohlige Atmosphäre der Geborgenheit zu schaffen, sind Ihrer Fantasie keine Grenzen gesetzt. Auch eine leichte, getragene Begleitmusik kann zur ruhigen, gelassenen Stimmung beitragen. Sobald Sie allerdings merken, dass sich Ihr Kind gegen die Massage heftig sträubt oder sogar wehrt, sollten Sie aufhören und es zu einem späteren Zeitpunkt wieder versuchen. Auch Babys haben ihre »Tiefs«, fühlen sich manchmal nicht gut und wollen am liebsten in Ruhe gelassen werden. Manchmal ist eben Babymassage einfach nicht angesagt.
Den richtigen Zeitpunkt für die Babymassage müssen Sie ganz individuell für sich selbst bestimmen. Jeder gestaltet seinen Tagesablauf unterschiedlich,

jeder hat einen anderen Rhythmus. Wählen Sie für sich und Ihr Kind einen Zeitpunkt, an dem Sie sich ohne Störung von außen und ohne Druck durch irgendwelche Vorhaben und Termine innerlich ruhig auf die Massage einlassen können. Bruno Walter betont:

»Bitte achten Sie wirklich darauf, dass keine Ablenkungen wie Fernseher oder andere Personen Sie und das Baby während der Babymassage stören.«

Massageöle

Bei der Babymassage ist das Öl nicht nur dazu gedacht, die Haut gleitfähiger zu machen, es ist auch Nahrung für die Haut. Verwenden Sie nur kaltgepresste, unraffinierte Pflanzenöle, die Sie heute in fast allen Reformhäusern oder Naturläden, oft schon als Fertigmischung, speziell für die Massage von Babys kaufen können. Auf gar keinen Fall sind Lotionen, Cremes und Öle empfehlenswert, die mineralische Substanzen, Konservierungsstoffe, synthetische Duftstoffe oder sonstige Zusätze enthalten. Diese künstlich erzeugten Inhaltsstoffe werden von der Haut aufgenommen und im Körper eingelagert, und man weiß heute noch nicht genau, wie sie auf den Organismus einwirken können.

Besonders kaltgepresste, unraffinierte Pflanzenöle sind für die Babymassage geeignet.

Welche Sitzposition ist für die Massage empfehlenswert?

Bruno Walter empfiehlt im Rahmen seiner Harmonischen Babymassage, sich unbedingt auf den Boden zu setzen, sodass das Kind in der Mulde, auf Ihren Beinen liegend, massiert werden kann. So hat es Blickkontakt zu Ihnen und spürt Ihre Körperwärme. In dieser Position hat das Baby den intensivsten Körperkontakt und somit auch das optimale Gefühl der Geborgenheit.

Ganz wichtig ist, dass Sie sich in Ihrer Sitzposition entspannt und wohl fühlen, denn nur dann kann die Massage wirkungsvoll sein. Da wir als Europäer das freie Sitzen am Boden nicht gewöhnt sind, können Sie als Stütze ein weiches Kissen am unteren Rücken platzieren und sich damit an einer Wand anlehnen. Der obere Rücken muss jedoch frei sein und darf nicht an der Wand angelehnt werden. Ihr eigenes Wohlbefinden ist nicht nur wichtig für Sie selbst, sondern auch für das Kind. Ihr Baby spürt sofort, ob Sie in Ihrer Haltung verkrampft sind oder sich wohl fühlen.

Wenn Sie sich bei der Massage wohl fühlen, überträgt sich dies auch auf Ihr Baby.

Wichtig ist, dass Sie bei der Babymassage nicht gestört oder abgelenkt werden.

Wie beginne ich die erste Massage?

Wenn Sie einen passenden Platz vorbereitet haben, ziehen Sie das Kind aus, denn es darf für die Massage ganz nackt sein. Es ist also wichtig, dass die Raumtemperatur angenehm warm ist. Falls Sie das Kind im Sommer im Freien massieren wollen, achten Sie unbedingt darauf, sich im Halbschatten niederzulassen und sein Köpfchen zu schützen! Vorsicht auch vor Zugluft!

Damit Sie die Harmonische Babymassage nicht unnötig unterbrechen müssen, sollten Sie schon vorher alle notwendigen Utensilien bereitstellen: Eine offene Schale mit dem Massageöl ermöglicht Ihnen den direkten Gebrauch des Öls, ohne die Massage durch unnötige Griffe nach einer Ölflasche unterbrechen zu müssen. Als Unterlage auf den Beinen eignet sich eine einfache Babydecke oder ein Fell. Wenn Sie dann das Gefühl haben, dass Sie nun ungestört sind und sich in einer harmonischen Atmosphäre befinden, können Sie mit der Massage beginnen.

Tragen Sie keinen Schmuck und achten Sie darauf, dass Ihre Fingernägel kurz sind und keine Risse haben, die die feine Babyhaut bei der Massage verletzen könnten.

Die meisten Mütter, die sich entschließen, ihr Baby kontinuierlich zu massieren, beginnen damit ab der zweiten Lebenswoche. Natürlich ist auch ein späterer Einstieg möglich. Ganz wichtig ist zunächst einmal der liebevolle Blickkontakt zu Ihrem Schützling, denn er muss sich an die neue Situation erst gewöhnen.

Wann immer Sie etwas mit Ihrem Säugling machen, sprechen Sie ihn an und erzählen Sie ganz einfach, was jetzt kommt oder gemacht wird; ganz genau so, wie Sie es mit einer erwachsenen Person auch machen würden.

»Viele meiner Kursleiterinnen bestätigen meine Erfahrung immer wieder, dass Säuglinge viel zu wenig direkt angesprochen werden.«

Das berichtet Bruno Walter. Ihr Kind »versteht«, was Sie ihm mitteilen wollen, und fühlt sich durch die Ansprache wohl und geborgen. Während der ganzen Massage sollten Sie singen oder zumindest summen, denn Ihre mütterliche Stimme ist dem Kind seit vielen Monaten – auch schon aus der vorgeburtlichen Zeit – vertraut. Die mütterliche Stimme ist eins der wertvollsten und wichtigsten »Instrumente«, um einem Säugling Geborgenheit und Sicherheit zu vermitteln. Gerade beim ersten Versuch, das Baby zu massieren, ist Ihre bekannte Stimme Voraussetzung zum sanften Einstieg in eine noch unbekannte Situation.

Während der Massage ist die Aufmerksamkeit Ihres Babys ganz auf Sie gerichtet.

Zu Harmonie und Ruhe finden

Seelische und körperliche Harmonie ist die Basis für ein gesundes Wachstum und damit für eine positive Lebensgrundlage.

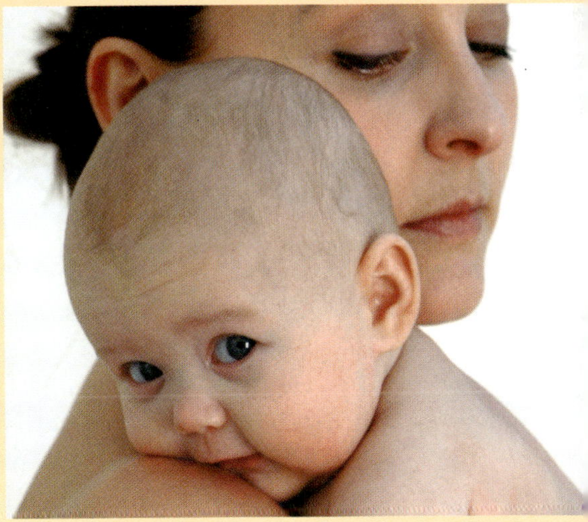

Die Massage unterstützt die Entwicklung Ihres Kindes.

Die Harmonische Babymassage

Eltern legen großen Wert auf eine gesunde Entwicklung und natürliche Behandlung ihrer Kinder. Die Harmonische Babymassage nach Bruno Walter ist eine Möglichkeit, optimale physische und psychische Entwicklungsvoraussetzungen für Babys zu schaffen. Sie fördert intensiv die körpereigenen Gesundungs- und Entwicklungsprozesse und die Verbindung zwischen Kind und Eltern.

Massage ist nicht nur Technik

Bruno Walter versteht unter seiner so genannten Harmonischen Babymassage nicht nur das bloße Erlernen einer bestimmten Technik, sondern er sieht den Kernpunkt dieser Art von Massage eigentlich über der Technik. Er hat seine Harmonische Babymassage angelehnt an die indische Babymassage und für unsere westlichen Gegebenheiten handbarer gemacht. So hat er gewisse indische Massagegriffe abgewandelt, um sie den zum Teil anderen Bedürfnissen der europäischen Babys anzugleichen. Unsere Babys haben zum Beispiel oft zu viel »Energie« im Bauchraum, was sich in

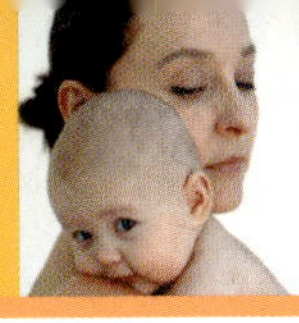

Koliken äußert. Beschwerden, unter denen indische Babys weit weniger oder meist gar nicht leiden. Bruno Walter hat folgenden Vergleich:

»Wenn das Klavierspiel zur Kunst werden soll, muss der Pianist die Technik beherrschen und dann über sie hinauswachsen; genauso ist es bei der Babymassage.«

In Indien ist die Babymassage eine ganz alltägliche Sache und gehört einfach zur Pflege und Entwicklung eines Babys dazu. Seit Generationen schon wird sie von den Müttern an die Töchter weitergegeben und ist ganz normaler Bestandteil eines harmonischen Tagesablaufs. Babys in Indien wachsen fast immer in Großfamilien auf, und auch der unerfahrenen Mutter ist die Unterstützung der ganzen Sippe gewiss. Sie fühlt sich sicher in einer Gemeinschaft aus Wissen und Erfahrung. Bei uns im Westen dagegen dominiert die Kleinfamilie; enge verwandtschaftliche Beziehungen sind eher ausgeklammert. Das heißt, dass junge Mütter oft ganz auf sich selbst gestellt sind und der neuen Situation mit dem Säugling unsicher und überfordert

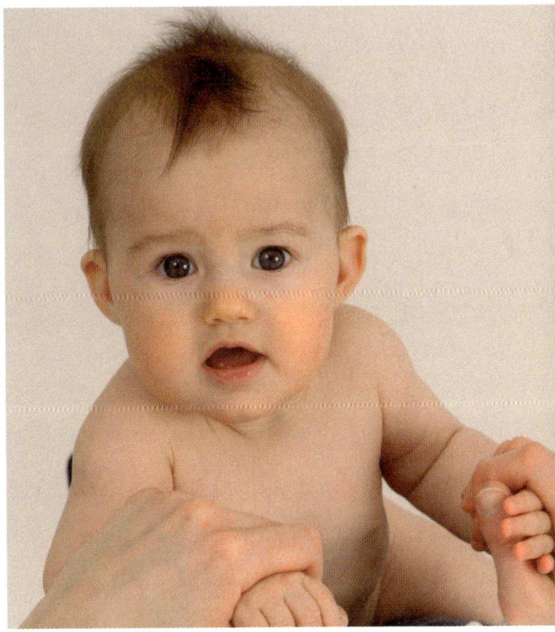

Babys stecken voller Energie und sind neugierig auf ihre Umwelt.

gegenüberstehen. Viele versuchen deshalb, sich theoretisch abzusichern und alles, was zur praktischen Versorgung eines Säuglings gehört, perfekt zu gestalten, sei es Ernährung, Kleidung, Spielzeug oder Erziehung. Erfolgszwänge und der Druck, alles richtig zu machen, bestimmen häufig die Beziehung zum Baby, denn wer will schon eine Rabenmutter oder ein Rabenvater sein? Zu diesem äußeren Perfektionsstreben gesellt sich dann meist eine tiefe, innere Unsicherheit, die sich schnell auf das Kind übertragen kann.

Weit wichtiger als viel Spielzeug sind für Babys liebevolle Zuwendung und viel Aufmerksamkeit.

Das Baby als eigene, gleichwertige Persönlichkeit akzeptieren

Diese Unsicherheit im Umgang mit dem Kind abzubauen, ist ein erklärtes Ziel der Harmonischen Babymassage. Müttern und Vätern werden Hilfestellungen angeboten, die echten Bedürfnisse der Babys besser zu erkennen und zu verstehen und sich mehr darauf einzulassen. Es geht aber nicht darum, jedes Weinen und Nörgeln des Kindes zu vermeiden oder zu unterbinden.

»Ein Kind sollte von Anfang an die Chance haben, sich mit seinen Problemen auch selbst auseinanderzusetzen; das ist ganz wichtig! Überlegen Sie einmal: Werden Sie gefragt, ob Ihnen Ihre Probleme und Schwierigkeiten recht sind? Manches müssen wir einfach durchstehen lernen, und das gilt bis zu einem gewissen Teil auch schon für Babys«, sagt Bruno Walter.

Ein Säugling hat sprachlich keine andere Möglichkeit, als sich weinend verständlich zu machen. Nicht jedes Weinen ist ein Alarmsignal. Immer wieder ist zu beobachten, dass Mütter automatisch sofort zum Schnuller oder zum Fläschchen greifen, um das Kind zu beruhigen. Damit nimmt man dem Kind aber auch die Chance, sich zu artikulieren. Andererseits soll das aber nicht bedeuten, dass Eltern ihre Kinder stundenlang schreien lassen sollen, wie es manche propagieren.
Die Harmonische Babymassage will einen Mittelweg zum besseren Verständnis und Umgang mit den neuen, kleinen Erdenbürgern ebnen. »Das versteht das Baby noch nicht«, sagen Eltern häufig. Wir müssen uns bewusst machen, dass ein Baby eine eigene, gleichwertige Persönlichkeit ist, der wir nur meist nicht aufmerksam genug zuhören und zuschauen. Wir sollten ihr unsere sämtlichen Sinne öffnen. Bruno Walter meint dazu:

»Ein Baby versteht zwar noch nicht den Sinn der Worte, es begreift aber sehr wohl den Sinn dessen, was Sie meinen und ihm mitteilen wollen. In meinen Kursen drehe ich oft die Formulierung ›Das versteht das Baby noch nicht‹ um und sage: ›Wir verstehen das Kind noch nicht!‹. Sprechen Sie also mit Ihrem Sprössling wie mit einem Erwachsenen und erklären Sie ihm, was Sie mit ihm vorhaben und was Sie wollen. Das gilt übrigens auch dann, wenn das Kind schläft. Es macht nichts aus, wenn es dabei kurz aufwacht: Wenn es Ihre Stimme hört, wird es umso beruhigter weiterschlafen.«

Die »Aussagen« Ihres Babys verstehen lernen

Manchmal empfinden wir das Kind auch als »Problem« in dem verzwickten Zusammenspiel unserer Beziehungen und bemerken gar nicht, dass das Problem eher in uns selbst und in unserer ungenauen Beobachtung des Kindes liegt.

Die Harmonische Babymassage will Eltern helfen, den Blick für die »Aussagen« des Babys zu schärfen, seine Signale besser zu verstehen und anzunehmen. Auf der anderen Seite will sie dem Baby helfen zu »wachsen«. Hierfür bietet sie eine breite Palette von Hilfen in Form von Sinneseindrücken an, die das Kind dazu braucht, seine eigenen Fähigkeiten und seine Persönlichkeit leichter zu entfalten.

Wichtig dabei ist, dem Kind diese Hilfen zumindest anzubieten. Es entscheidet dann selbst, was es aus diesem Angebot auswählt und umsetzt. Den richtigen Zeitpunkt der Entwicklungsschritte bestimmt das Kind ganz allein: Wann es die Brust nicht mehr will, wann es beginnt zu sitzen oder

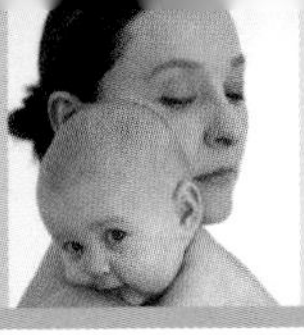

Manchmal ist es gar nicht so einfach, sein Baby zu verstehen. Massage hilft dabei.

zu laufen. Wichtig ist nicht, wann das Kind etwas macht, sondern wie: frei und aus innerem Antrieb. Aus seiner langen Erfahrung weiß Bruno Walter:

»Es ist sehr wichtig, die Entwicklungsschritte zu erkennen, damit man dem Kind entsprechende Unterstützung anbieten kann. Wenn die Kleinen zum Beispiel Zähne bekommen, ist das ein eindeutiges Signal des Körpers, allmählich auf feste Nahrung umzustellen. Es liegt an uns, diese Signale zu erkennen und darauf entsprechend zu reagieren, auch wenn dies mitunter mit Schwierigkeiten verbunden ist. Oft ist es natürlich verlockend, den Weg des geringeren Widerstands zu gehen.«

Natur frei Haus

Kinder, die ländlich, in engem Kontakt mit der Natur aufwachsen, bekommen die notwendigen Sinnesreize für ihre Entwicklung von der Natur quasi »frei Haus« geliefert. Sie hören Naturgeräusche (Vogelzwitschern, das Rauschen des Wassers), sehen Farben (den Himmel, die Erde, Blumen) und riechen Düfte (von Blüten, Bäumen und Tieren).
Die Natur bietet das gesamte Spektrum an Sinnesreizen an, die für eine natürliche Entwicklung nötig sind. So wie die Natur ihre »Reize« dem heranwachsenden Kind anbietet, ist es natürlich optimal. Nirgendwo sonst stehen einem Kind Geräusche, Farben und Gerüche in so adäquater Weise zur Verfügung.
Da aber kaum jemand mit seinem Kind jeden Tag viele Stunden in der Natur verbringen kann, sind die Alternativen, die die Harmonische Babymassage bietet, optimal.

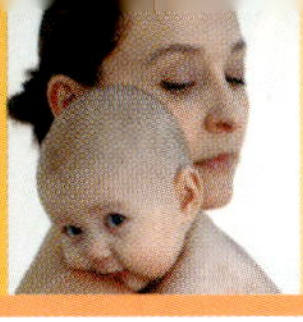

Sinnesüberreizung, eine allgegenwärtige Gefahr

Zu oft sind Kinder, nicht mehr nur im unnatürlichen Umfeld der Städte, sondern auch zunehmend in ländlichen Gegenden viel zu vielen Reizen ausgeliefert. Permanente Musikberieselungen, schlechte Luft, überheizte Räume und Lärm wirken auf die Kleinen viel störender, als viele Erwachsene annehmen.

Aber auch in den eintönigen Wintermonaten stehen positive Reize den Kindern oft nicht ausreichend zur Verfügung. Zu wenig Farben, Gerüche und Naturgeräusche sind häufig eine Folge tief verschneiter und zugefrorener

Gerade in der Natur gibt es für Kinder viel zu entdecken: Farben, Geräusche und Gerüche.

Landschaften. Auch wenn diese winterliche Ruhe ihren natürlichen Sinn hat, ist zu bedenken, dass gerade in den ersten Lebensmonaten die zerebralen Verknüpfungen im Gehirn des Kindes entstehen. Damit das geschehen kann, braucht es aber die entsprechenden Sinnesanregungen.

Setzen Sie Düfte, Farben und Musik ein

In der Harmonischen Babymassage sind aus diesem Grund die Anregungen, die im 5. Kapitel (ab Seite 67) zur Sprache kommen, eine nicht zu unterschätzende Möglichkeit. Mit Düften, Farben und Musik werden die sonst natürlich vorhandenen Sinnesreize so dargeboten, dass sie den naturgegebenen Reizen gleichkommen.

Das Konzept der Harmonischen Babymassage versucht, die Lücken, die uns unser Umfeld häufig aufzwingt, zu schließen oder zumindest etwas zu füllen.

Die Funktion von Sinnesreizen

Sinnesreize in der Harmonischen Babymassage kann man immer aus verschiedenen Perspektiven betrachten.

- Sie unterstützen die natürliche Entwicklung: Dazu gehören zum Beispiel die allmähliche Übung der Kontrolle über die Körpermotorik – greifen lernen, koordinierte Bewegungsabläufe ausführen – und das Erlernen sprachlicher Grundmuster.
- Sinnesreize ersetzen zum Teil den heute massiven Verlust an Einflüssen aus der Natur.
- Ein anderer Aspekt: Gezielt eingesetzte Sinnesreize können ein Zuviel an negativen Reizen wieder ausgleichen.

Die Massage-Technik erlernen

Werden die Massagegriffe regelmäßig durchgeführt, bekommen Eltern selbst bald zunehmend mehr Sicherheit im Umgang mit ihren Kindern.

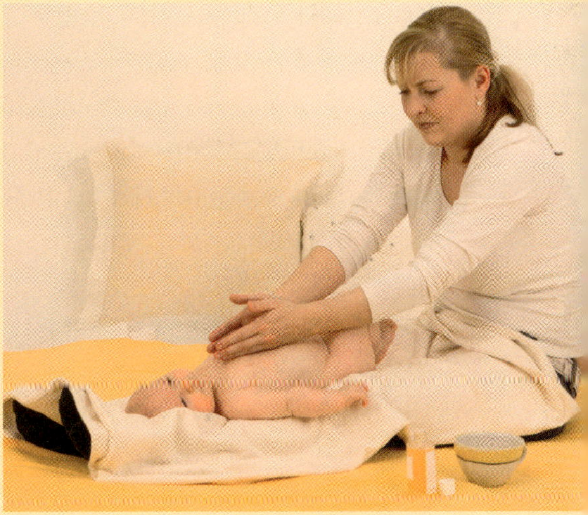

Einführung in die Technik der Babymassage

Das Schema, das im folgenden Kurs angeboten wird, soll als roter Faden dienen und auch eine Gedächtnisstütze sein. Das Wichtigste bei der Harmonischen Babymassage ist das Miteinander und nicht das stereotype Nachahmen von Standardgriffen.

Platz für spontane Reaktionen lassen

Diese Art der Babymassage will bewusst machen, dass es sich hier nicht um einen starr festgelegten Vorgang handelt, den man absolviert, sondern dass im Umgang mit den Kleinen immer auch noch Platz für spontane Reaktionen des Kindes und der Eltern sein muss. Verlassen Sie aber nicht das Grundkonzept der Harmonischen Babymassage, damit sich das Kind an die Reihenfolge dieser Massage gewöhnen kann.

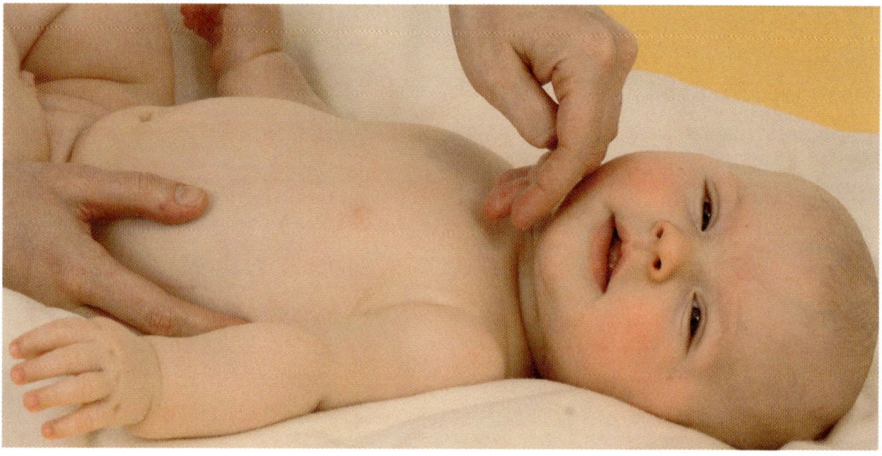

Babys wissen ganz genau, welche Massagegriffe ihnen gerade guttun und welche nicht.

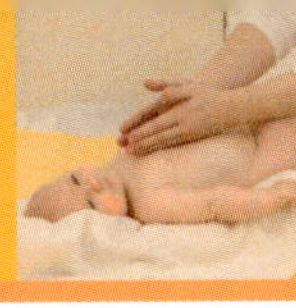

»Vielleicht fragen Sie sich jetzt, wo die Grenze ist zwischen den spontanen Reaktionen auf der einen Seite und dem Festhalten am Grundkonzept der Harmonischen Babymassage auf der anderen Seite. Das Grundkonzept bietet einfach die vorgegebene Reihenfolge der beschriebenen Griffe an. Wenn aber das Baby aus irgendwelchen Gründen an der Massage eines Körperteils augenscheinlich keinen oder wenig Gefallen findet, sollten Sie das natürlich berücksichtigen und die Massage in diesem Bereich etwas reduzieren. Lassen Sie aber nie einen Griff grundsätzlich wegfallen! Bestimmte Bereiche, für die das Kind eine Vorliebe zeigt, können Sie ruhig etwas länger massieren! Die Harmonische Babymassage ist auf eine ganz natürliche effektive Griffreihenfolge aufgebaut. Um eine größtmögliche Wirkung zu erzielen, sollte diese Griffreihenfolge unbedingt beibehalten werden«, erklärt Bruno Walter.

Massagegriffe sind die Griffe, die sehr häufig ausgeführt werden: ungefähr 20- bis 40-mal. Die Bewegungen des Massierenden sollten immer fließend und rhythmisch sein. Die Zahlenangaben sind nur als Richtlinie und nicht zum Mitzählen gedacht. Für eine optimale Massage sollten sie jedoch angestrebt werden. Aber bitte nichts erzwingen!
Die »Specials«, wie hier die Sondergriffe bezeichnet werden, unterscheiden sich zum Teil erheblich von den Massagegriffen. Sie werden nur 3- bis 4-mal angewendet und haben ihren ganz eigenen Rhythmus. Bruno Walter sagt:

»Auch wenn manche Sondergriffe scheinbar aus der Reihe tanzen, darf ihre Bedeutung nicht unterschätzt werden. Die ›Specials‹ haben ihre ganz spezielle Wirkung und Bedeutung für die natürliche Entwicklung der Körperfunktionen und die Entfaltung der Persönlichkeit des Säuglings.«

Reiben Sie Ihre Handflächen kräftig aneinander, bis sie heiß sind.

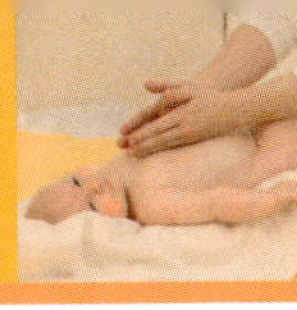

Ruhige Minute

Wenn Sie also, wie schon beschrieben, einen angenehmen und passenden Platz für die Massage gefunden haben, sollten Sie Ihren unteren Rücken mit einem weichen Kissen abstützen. Das Kind liegt nackt vor Ihnen auf Ihren Beinen. Wenn das Drumherum stimmt, beginnen Sie die Massage mit der so genannten Ruhigen Minute. Bitte fassen Sie die genannte Minute nicht als starre Zeiteinheit auf. Es geht vielmehr darum, dass Sie und Ihr Kind sich auf die kommende Situation einstimmen. Bruno Walter rät:

»Wenn Sie Ihrem Baby jetzt ganz bewusst Achtsamkeit und Aufmerksamkeit schenken wollen, nehmen Sie einfach auch das entgegen, was in diesem Augenblick vom Kind kommt. Lassen Sie sich nicht aus der Ruhe bringen, auch wenn es weint oder unruhig ist: Bringen Sie dem kleinen Wesen in diesem Augenblick einfach Verständnis entgegen.«

Heiße Hände

Um Ihr »Handwerkszeug«, eben Ihre eigenen Hände, auf die Massage vorzubereiten, reiben Sie beide Handflächen kräftig und intensiv aneinander, bis sie ganz heiß sind. Wie das funktioniert, erklärt Bruno Walter:

»Reiben Sie Ihre Hände so fest aneinander, dass Sie das Gefühl haben, die Funken sprühen.«

Erst danach ölen Sie die Hände ein, um mit der Massage zu beginnen.

Begrüßung »Schmetterlingsgriff« (Special)

Der so genannte »Schmetterlingsgriff« ist ein Sondergriff, das heißt, man sollte ihn höchstens 3- bis 4-mal ausführen. Streichen Sie dabei vom Brustbein aus sanft und zart mit den Kanten beider Hände über die Haut des Kindes nach außen. Mit diesem Griff nehmen Sie Kontakt zu Ihrem Kind auf und signalisieren, dass die Massage beginnt. Bruno Walter meint dazu:

»Stellen Sie sich die filigrane Zartheit eines Schmetterlings vor, und versuchen Sie, diese Zartheit in den Schmetterlingsgriff einzubringen.«

Herzgriff (Massagegriff)

Der Herzgriff ist ein Massagegriff, und wie wir schon erklärt haben, können Sie diesen Griff ohne Bedenken so oft anwenden, wie es Ihnen und

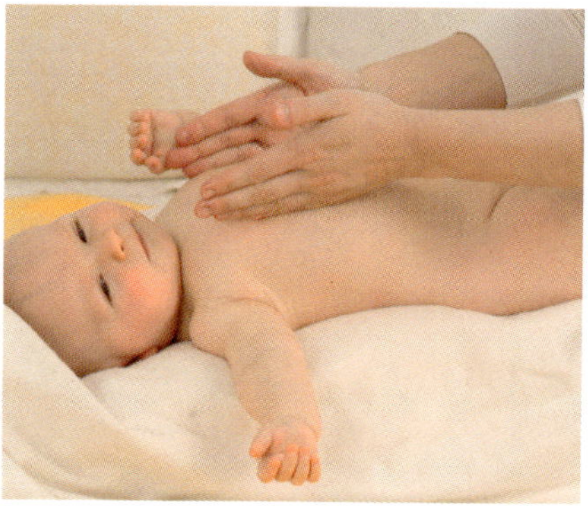

Der Schmetterlingsgriff

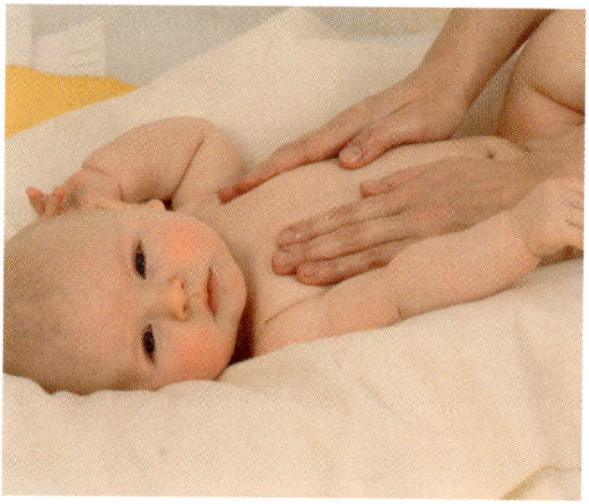

Der Herzgriff

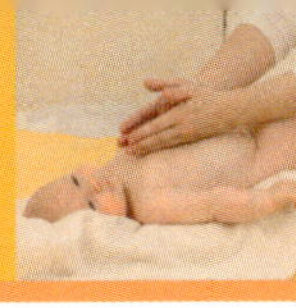

dem Kind behagt. Mit der Zeit sollte es zu einer relativ häufigen Wiederholung von 20- bis zu 30-mal kommen. Streichen Sie vom Brustbein über die Brust, seitlich mit Ihren Handflächen abwärts, und setzen Sie dabei so viel Fläche Ihrer Hände ein wie möglich.

Der Druck sollte hierbei kräftig und die Bewegung rhythmisch sein. Bruno Walter erklärt, was hilfreich ist:

»Die gedachte Form eines gemalten Herzens ohne seine Spitze ist dabei die Linie, die Sie mit Ihren Händen ›nachmalen‹ können.«

Andreasgriff (Massagegriff)

Streichen Sie ganz einfach von der Schulter über Kreuz bis zur gegenüberliegenden Hüfte. Wenn es die Lage des Kindes erlaubt, können Sie diesen Griff sogar hinter der Schulter beginnen. Zu beachten gilt:

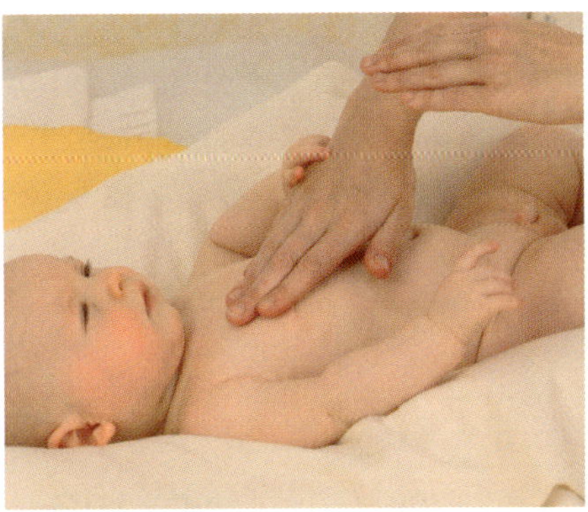

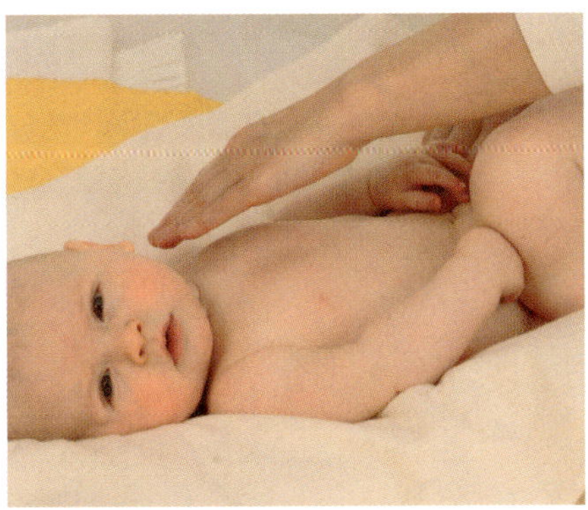

Streichen Sie abwechselnd von der Schulter bis zur gegenüberliegenden Hüfte.

»Vergessen Sie nicht Ihren eigenen Rhythmus! Wie bei allen anderen Massagegriffen auch, sollten Sie möglichst locker mit Ihrem eigenen Oberkörper mitschwingen.«

Beine

Streichen

Hier ist es günstig, wenn sich der Oberschenkel des Kindes im 90-Grad-Winkel zum Körper befindet. Diese Stellung des Beinchens unterstützt die Entwicklung der Hüftgelenke, sie ist aber nur mit Gefühl und dem Einverständnis des Kindes anzustreben.

Vergessen Sie bitte nie, dass in erster Linie Ihre eigene Sensibilität und Ihr Gespür ausmachen, wie Sie Ihr Kind massieren. Die Technik ist nur eine Vorgabe, die Sie auf sich und Ihr Kind passend »zuschneiden« sollten.

Streichen Sie dann abwechselnd mit der rechten und der linken Hand von der Leistengegend hin zu den Füßchen. Bruno Walter erklärt:

»Streichen Sie mit so viel Intensität, als wenn Sie die Durchblutung der Beinchen zu den Füßen hin fördern wollten.«

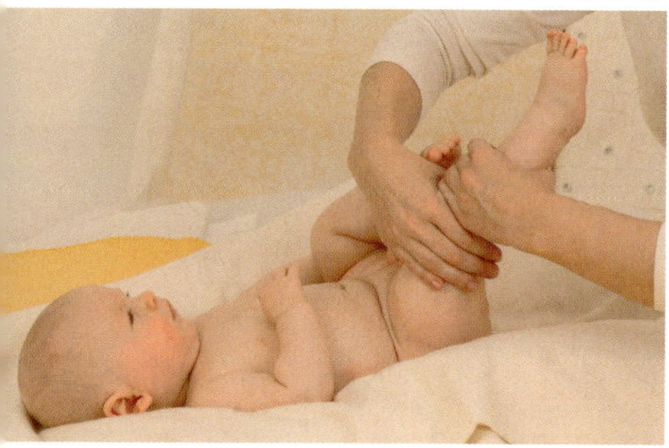

Die Brennnessel am Bein

Brennnessel

Diese Bezeichnung ist an das alte Kinderspiel »Brennnessel« ange-

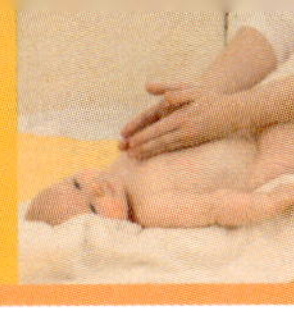

lehnt, wobei am Handgelenk eine Hand gegen die andere gedreht wird, um einen brennenden Schmerz zu bewirken. Bei der Babymassage schmerzt der »Brennnesselgriff« natürlich nicht, weil das Öl einen schmerzhaften Griff verhindert und die Haut gleitfähig macht. Sie können Ihre Hände also in Spiralbewegungen eng an den Beinchen intensiv »hochschrauben«.

Füße

Perlengriff (Massagegriff)

Mit Ihrem Daumen massieren Sie die gesamte Fußsohle des Kindes in kleinen, kreisenden Bewegungen, die immer wieder auf einer neuen Stelle auszuführen sind, sodass keine Stelle frei bleibt. Sie »wandern« also mit Ihrem Daumen auf der Fußsohle entlang. Ob das nun mit einem Daumen oder im Wechsel mit beiden passiert, bleibt jedem selbst überlassen.
Bevor Sie die Massage der Fußsohlen beenden, dürfen Sie als Abschluss die Zehen nicht vergessen! Sie sollten sanft ausgestrichen und liebevoll geknubbelt werden. Am besten geht das so, verrät Bruno Walter:

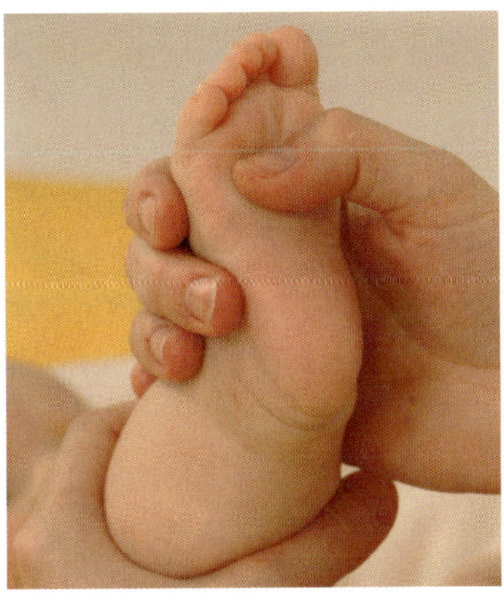

Der Perlengriff am Fuß

»Stellen Sie sich beim Perlengriff vor, dass das Füßchen des Kindes mit eng aneinandergereihten, einzelnen

Perlen besetzt ist, die Sie der Reihe nach kreisförmig behandeln. Oft helfen solche bildhaften Vorstellungen, sich in einen Massagegriff besser einfühlen und ihn deshalb auch besser ausführen zu können.«

Kreative Fußarbeit

Nach der oben beschriebenen Fußmassage können Sie ganz nach Ihrem eigenen Gefühl und Empfinden die Füße des Babys weitermassieren. Sie werden bald merken, dass die vorliegende Technik zur Babymassage keine starre Anleitung ist, sondern immer Spielraum lässt, mit eigenen Streicheleinheiten oder mit kräftigeren Griffen die Massage abzurunden. Geben Sie daher ruhig auch Ihren eigenen Impulsen nach, und achten Sie darauf, wie viel Freude und Spaß Ihr Kind dabei hat!

Nicht zu vergessen: Die oben beschriebenen Massagegriffe verstehen sich natürlich immer für die jeweils rechten und linken Gliedmaßen.

Klatsch-Dreh-Weg-Bewegung (Special)

Dieser Extragriff wird mit jeder Hand etwa 3- bis 4-mal an beiden Füßen ausgeführt. Man dreht sich die linke Hand 3- bis 4-mal zur rechten Seite und nach dem Handwechsel mit der rechten Hand genauso oft zur linken Seite am selben Fuß. Wie schon der Name des Griffs vermuten lässt, unterteilt er sich in

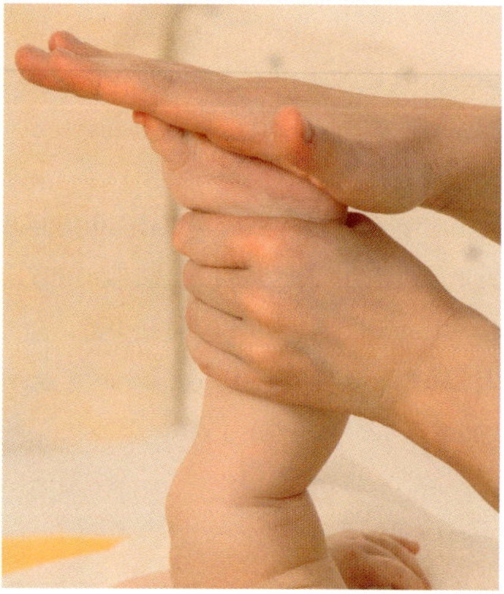

Die Klatsch-Dreh-Weg-Bewegung

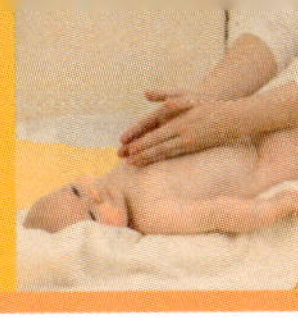

drei Schritte: Klatschen Sie zuerst leicht auf das Füßchen und dies von Mal zu Mal kräftiger. Lassen Sie die Hand aber auf der Sohle liegen, und drehen Sie dann die Hand zügig, bevor Sie die Hand abrupt zurückziehen und von vorn beginnen. Mit der jeweils freien Hand stützen Sie dabei das Füßchen am Fußgelenk gut ab. Dann wechseln Sie zum anderen Fuß. Bruno Walter meint dazu:

»Gehen Sie mit Humor an diese ungewöhnlich anmutende Bewegung. Sie sollte Ihnen beiden Spaß machen, und es darf dabei auch ruhig mal gelacht werden.«

Arme (Massagegriff)

»Machen Sie sich keine Sorgen, wenn Sie die Vielfalt der Griffe nicht sofort bewältigen. Sie werden bald merken, dass sich gewisse Schemen wiederholen. So zum Beispiel bei den Armen: Die Massagegriffe an Armen und Händen entsprechen den jeweiligen Griffen an Beinen und Füßen. Wenn Sie diese Parallelen erkannt haben, wird Ihnen die Reihenfolge der Massage mit den einzelnen Griffen bald in Fleisch und Blut übergehen«, erklärt Bruno Walter.

Wie bei den Beinen wiederholen sich bei den Armen zunächst einmal die Streichbewegungen. Abwechselnd mit Ihrer rechten und linken Hand streichen Sie zügig von der Schulter zu den Händen des Babys. Ob die Streichbewegung über die Hand hinausgeht oder durch die natürliche Haltung und Bewegung des Kindes vielleicht schon am Handgelenk endet, bestimmen das Kind und Sie ganz nach Gegebenheit.

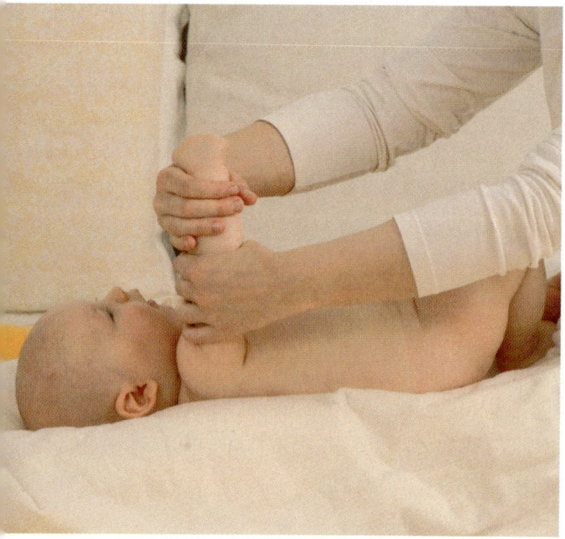

Die Brennnessel am Arm

»Vielleicht signalisiert Ihnen Ihr Kind bei der Armmassage, dass es sich eingeengt, festgehalten und unfrei fühlt. Lassen Sie es dann ruhig mit seinen Ärmchen rudern, und folgen Sie mit den Massagegriffen einfach den Armbewegungen«, sagt Bruno Walter.

Brennnessel

Genauso wie bei den Beinen, wenden Sie den Brennnesselgriff an den Armen an. Achten Sie aber darauf, dass Ihre Hände und die Haut des Kindes durch das Öl geschmeidig bleiben, damit die Gegenbewegung dieses Griffs nicht ein Brennen auf der Haut hinterlässt. Achten Sie also immer sorgfältig darauf, dass Sie genügend Öl verwenden.

Hände (Massagegriff)

Perlengriff

Legen Sie Ihren Daumen zunächst in die Handfläche des Kindes. Wenn sich die Hand des Kindes dabei schließt, können Sie sie vorsichtig öffnen, indem Sie den Daumen zu den Fingern hin streichen. Halten Sie das Händchen fest, und massieren Sie mit Ihrer freien Hand – ganz wie bei den

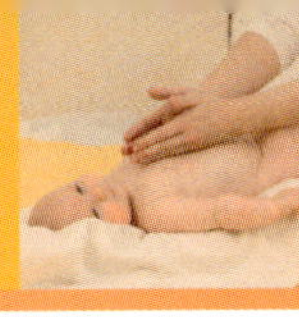

Fußsohlen – den Perlengriff in kleinen, kreisenden Bewegungen in der Handfläche. Achten Sie darauf, die ganze Handfläche des Kindes zu massieren und beziehen Sie die Fingerchen, wenn möglich, mit in die Massage ein. Es sollten keine unbehandelten Lücken entstehen. Genauso, wie Sie am Fuß die Zehen ausgestrichen und geknubbelt haben, können Sie das nun bei den Fingerchen tun, wenn Ihr Kind dazu bereit ist und die Hände geöffnet hält.
Machen Sie sich keine Gedanken, wenn diese Massage bei den ganz Kleinen nicht klappt, weil sie ihre Fingerchen nicht geöffnet lassen. In der Regel verliert sich der Reflex, die Fäustchen zu ballen, erst ab dem dritten Monat, sodass auch erst dann die Bereitschaft da ist, die Hände geöffnet zu halten.

Rücken (Massagegriff)

Harfe

Um diesen Griff massieren zu können, legen Sie Ihr Kind quer über Ihre ausgestreckten Beine, sodass sein Köpfchen nicht auf Ihrem Oberschenkel liegt. Mit leichtem Druck streichen Sie nun mit einer Hand vom Kopf aus langsam den Rücken hinunter bis über die Füße hinaus. Die freie Hand hält dabei das Kind an den Fußgelenken. Bruno Walter weiß:

»Viele Mütter und Väter haben es leichter, die Massagegriffe zu erlernen, wenn ich Ihnen passende Bilder und Vorstellungen dazu vorschlage. Denken Sie an die Eleganz und die Einfühlsamkeit einer Harfenspielerin, wenn Sie diesen Griff anwenden.«

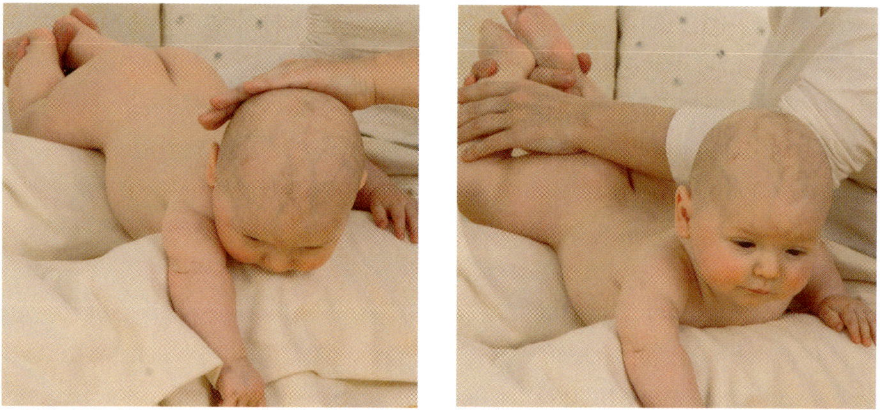

Bei der Harfe streichen Sie sanft dem Baby vom Kopf über den Rücken bis zu den Füßen. Auch hier ist ein steter Rhythmus wichtig.

Streichen

Vom Hinterkopf ausgehend streichen Sie mit beiden Händen im fließenden Wechsel bis zum Po.

Brennnessel

Wie schon bei den Beinen und den Armen streichen Sie, ganz der natürlichen Körperform Ihres Kindes angepasst, in einer Gegenbewegung vom Nacken bis zum Po. Die Hände sollten eng beieinander liegen und die Daumen nicht abgespreizt sein.
Alle Griffe am Rücken werden vom Kopf aus in Richtung Po massiert, weil diese Richtung eine ganz natürliche Entspannung bewirkt.
Überlegen Sie einmal: Wie streicheln Sie Ihr Kind, wenn Sie es tröstend in den Armen halten? Ganz intuitiv und instinktiv streicheln wir alle vom Kopf aus abwärts, wenn wir ein Kind beruhigen, trösten und lieb haben wollen.

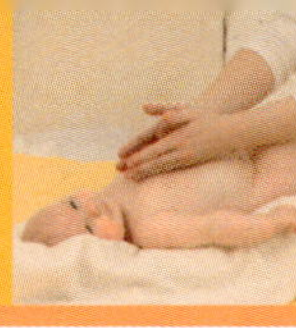

Bauch- und Kolonmassage (Massagegriffe)

Leicht streichende Bewegungen, die den Bauchnabel umkreisen und sich langsam spiralförmig ausweiten, sind die ersten »Streicheleinheiten« bei der Bauchmassage. Ganz wichtig bei allen Massagebewegungen im Bereich des Bauches ist, dass immer nur im Uhrzeigersinn massiert wird, denn diese Richtung entspricht dem natürlichen Verlauf des Darms.
Im zweiten Stadium der Bauchmassage umrunden Sie nun mit eher kräftigem Druck, unter den Rippenbögen beginnend, den gesamten Bauch. Versuchen Sie dabei so viel wie möglich von der Handfläche aufzulegen. Das Kind empfindet übrigens den Druck auf den Darm als Wohltat, den Druck auf den Blasenbereich eher als unangenehm. Dies sollten Sie bei der Intensität des Griffs auf den Bauch berücksichtigen.
Massieren Sie die Ihnen zugewandte rechte Bauchseite des Kindes mit Ihrer linken Hand. Massieren Sie nun mit zwei oder drei Fingern und eher kräftigem Druck tief in den Bauchraum hinein.

»Haben Sie ruhig den Mut, diesen Griff ziemlich intensiv anzuwenden. Um Ihnen eine Vorstellung zu vermitteln: Vom Gefühl her sollte es ungefähr so sein, als wenn Sie mit der Hand vom Bauch aus bis zur Wirbelsäule ›durchgreifen‹ würden. Anhand der Reaktion Ihres Kindes werden Sie schnell feststellen, welche Wohltat diese Massage für Ihr Baby sein muss«, erklärt Bruno Walter.

Der nächste Griff entspricht dem Griff auf der linken Körperseite des Babys. Es ändert sich nur die Handhaltung und somit auch die Massagerichtung. Die rechte Hand sollte mit der ganzen Fläche auf dem Bauchraum, die Fingerbeeren zwischen Beckenraum und Rippenbogen liegen, sodass die

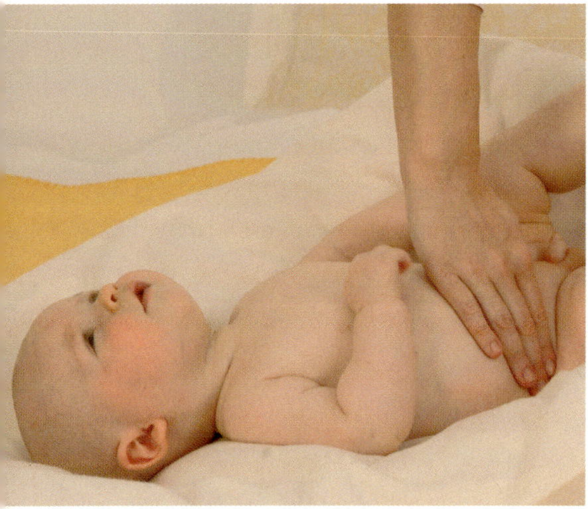

Die Bauchmassage

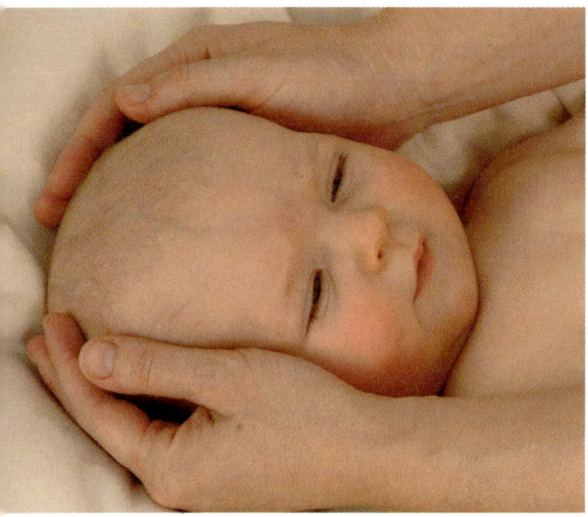

Die Kopfmassage

Finger zu uns selbst zeigen. Achten Sie darauf, dass Sie immer im Verlauf des Dickdarms massieren.

»Wenn Sie mit der Hand tief im Bauch massieren, können Sie Ihr Baby durch eine eigene, angestrengte Mimik dazu animieren, den Bauch anzuspannen, damit es durch den Gegendruck Ihre Hand wieder nach außen drückt. Vergessen Sie dabei nicht, mit Ihrem Schützling zu sprechen«, rät Bruno Walter.

Heiße Hände

Als Abschluss der Bauchmassage legen Sie die so genannten »heißen Hände« auf den unteren Rippenbogen und lassen sie dort einen Moment lang ruhen.

Kopf (Special)

Legen Sie die Fingerspitzen leicht gespreizt auf die Scheitellinie, und ziehen Sie dann die Finger mit mäßi-

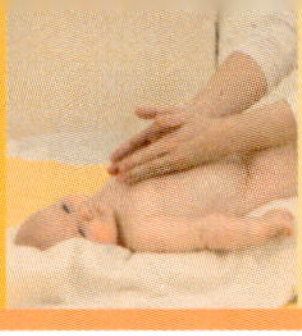

gem Druck seitlich am Kopf entlang zum Ohr hin. Dabei sollte der Druck der Finger zum Ohr hin allmählich abnehmen, und die Finger sollten beim Ohr den Kontakt zum Kopf verlieren. Dieser Griff soll die Zirkulation zwischen Gehirn und Rückenmarksflüssigkeit im natürlichen Rhythmus unterstützen.

Gesicht (Special)
Folgen Sie beim Streicheln des Gesichts seiner ganz natürlichen Faltenbildung. Von der Stirn aus streichen Sie seitlich nach außen.

»Versuchen Sie mit diesen Griffen dem Kind auch Spiel und Spaß zu vermitteln«, sagt Bruno Walter zu dieser Massage.

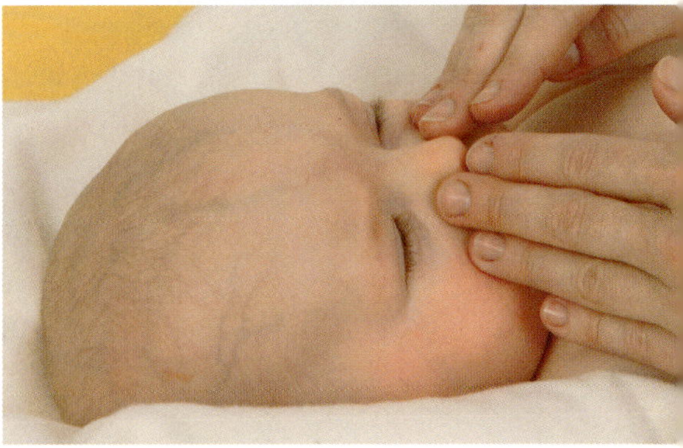

Die Gesichtsmassage

Der Massageverlauf unter den Augen geht leicht nach unten. Von der Kinnspitze aus wird am Unterkiefer entlang mit sanftem Druck in Richtung der Ohren ausgestrichen.

Ohr (Special)
Beginnen Sie nach dem Ohrläppchen, den Ohrrand knubbelnd nach oben zu massieren. Ein Finger muss bei diesem Griff auf dem Ohr-

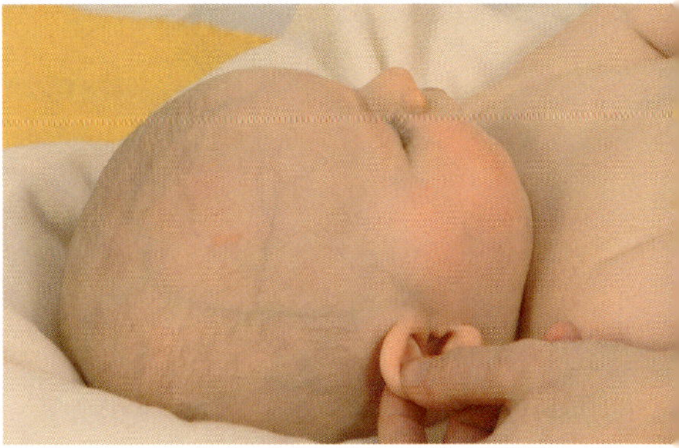

Die Ohrmassage

rand liegen, der andere hinter dem Ohr. Mit derselben Technik massiert man zum Abschluss noch das Ohrläppchen. Vergessen Sie das zweite Ohr nicht!

Übungen

Die Harmonische Babymassage wird immer mit spielerischen Übungen beendet. Beginnen Sie mit den Beinen: Ähnlich wie beim Schneidersitz überkreuzen Sie die Beinchen des Babys im Wechsel, eher zum Bauch hin- als davon weggewendet.
Wiederholen Sie dann diese Übung mit den Armen des Kindes: Immer abwechselnd über Kreuz. Hierbei kommt es übrigens nicht darauf an, die kleinen Arme besonders weit zu öffnen. Wichtig ist das Überkreuzen auf dem Brustkorb mit leichtem Druck.
Als dritter Teil der Übungen kreuzen Sie noch jeweils ein angewinkeltes Beinchen zur gegenüberliegenden Hand des Babys.
Wie die anderen Massagegriffe auch, können Sie diese Übungen etwa 20-mal wiederholen. Bruno Walter ermutigt:

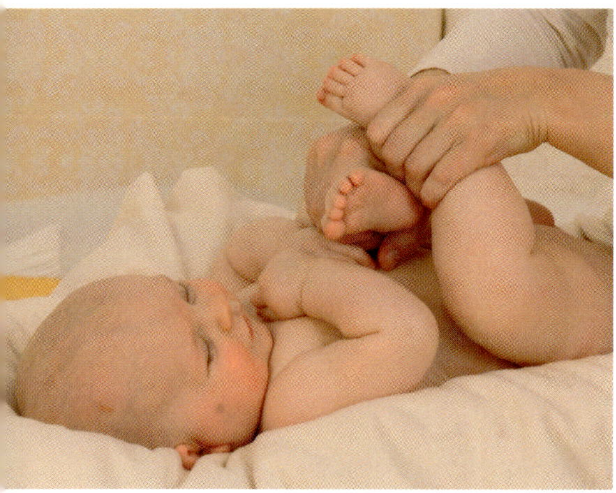

Als Abschlussübung überkreuzen Sie zuerst die Beinchen Ihres Babys mehrmals.

»Haben Sie keine Angst, wegen der zum Teil etwas extrem anmutenden Körperhaltungen, die Sie selbst beim Baby während der Übungen provozieren. Denken Sie daran, dass Ihr

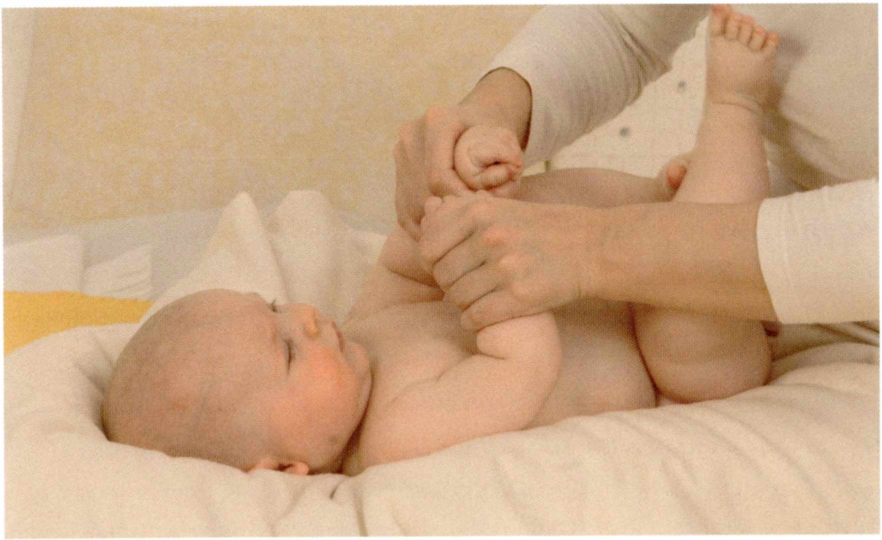

Danach machen Sie dasselbe mit seinen Ärmchen.

Kind ja auch ganz natürlich seine Zehen bis zum Mund befördert! Der Körper der Kleinen ist noch viel geschmeidiger und biegsamer als man denkt, und diese Übungen entsprechen sogar einem natürlichen Verlangen des Babys.«

Abschluss des Massagekurses

Das Ende der Babymassage können Sie ganz individuell gestalten. Auf keinen Fall sollte das Ende Ihrer harmonischen Zweisamkeit abrupt geschehen. Achten Sie dabei auf die Gegebenheiten. In welcher Stimmung befindet sich Ihr Kind?

Wenn das Kind Hunger hat

Signalisiert Ihr Baby, dass es nun hungrig geworden ist, so kann das Stillen oder Füttern mit der Flasche ein schöner befriedigender Abschluss der Massage sein.

Wenn das Kind unruhig ist

Ihr Baby ist nach der Massage unruhig geworden. Sie können nun als Abschluss eine beruhigende Maßnahme wählen. Nehmen Sie das Baby auf den Arm und tragen Sie es durch den Raum, gehen Sie dabei mit einem schaukelnden Rhythmus, streicheln Sie Ihr Kind dabei oder summen oder singen Sie ihm leise etwas vor.

Diese Möglichkeit ist sowohl für eine gestresste Mutter als auch für ein unruhiges Kind die beste Maßnahme, denn bei dieser Bewegungsart findet ein positiver Energieaustausch zwischen Mutter und Kind statt. Durch das rhythmische Gehen wird der Austausch so reguliert, dass Mutter und Kind einen ausgeglichenen Zustand erreichen. Ein Kind reagiert meist sehr schnell positiv auf die schaukelnde Bewegung.

Oft schlafen Babys nach einer Massage ein.

Wenn das Kind müde ist

Ihr Kind ist nach der Massage richtig müde geworden und eingeschlafen. Decken Sie es mit einer Decke zu und lassen Sie es ein Weilchen so schlafen. In der Regel schlafen Babys nach der Massage auch gut weiter, wenn sie erst nach einer Weile angezogen werden. Lassen Sie Ihrem

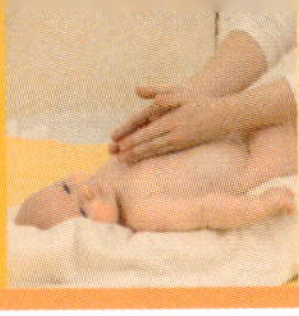

Kind Zeit, etwa 15 bis 20 Minuten, um einen tieferen Schlaf zu finden. Wenn Sie es dann anziehen, wird Ihr Kind ohne größere Schwierigkeiten weiterschlafen.

Wenn Sie es anziehen, gehen Sie ganz normal mit dem Baby um. Sie brauchen es nicht übervorsichtig zu behandeln. Sagen Sie dem Kind: »Nun leg ich dich ins Bett, damit du weiter schlafen kannst.«

Wenn das Kind aktiv ist

Nach der Massage macht Ihr Baby einen zufriedenen, wachen und aktiven Eindruck. Nun empfiehlt es sich, eine kleine Spielrunde einzulegen. Je nach Alter des Kindes können Sie mit ihm singen, spielen – Nachahmungs- oder Fingerspiele – oder mit ihm herumkrabbeln. Das Baby wird begeistert das nachahmen, was Sie ihm vormachen – und dabei viel lernen.

Im Sommer kann auch eine Spazierfahrt ein wunderbarer Abschluss der Babymassage sein. Das Kind kann seine Aktivität durch Schauen und Wahrnehmen ausleben, und wenn es müde ist, so ist das Schaukeln im Kinderwagen genau das richtige Mittel, um in einen zufrieden stellenden Schlaf zu sinken.

Viele Eltern fahren mit ihren Babys nur mittags oder nachmittags spazieren. Dabei ist es im Sommer besonders gut, auch in der

Viele Babys sind nach einer Massage auch richtig aktiv. Dann legen Sie einfach eine Spielrunde ein.

Genießen Sie mit Ihrem Baby die Natur.

Abendstimmung eine Ausfahrt zu unternehmen. Erwachsene kennen die wohltuende Wirkung eines Abendspazierganges vor dem Einschlafen. Bei einem kleinen Kind ist diese Wirkung genauso positiv, wird aber häufig gar nicht bedacht.
Die Stimmung in der Natur an einem warmen Sommerabend ist auch für Babys sehr anregend. Sie spüren die warme, milde Luft und nehmen den Gesang von Vögeln und das besondere Licht wahr.
Diese Möglichkeit des Massageabschlusses sollte man sich nicht entgehen lassen.
Bei allem, was wir mit dem Säugling unternehmen, gilt es immer wieder abzuwägen, wie man unnötige Sinnesreize vermeiden und positive Sinnesreize besser nutzen kann. Zum Beispiel sind Spaziergänge an der frischen Luft und in der freien Natur natürlich besser als im Großstadttrubel.
Sinnvoll ist es in diesem Zusammenhang auch, das Kind während der Ausfahrt mit Blick zur Mutter in den Kinderwagen zu setzen und nicht in Fahrtrichtung.
Das Gleiche gilt auch für das Tragetuch. Vielleicht können Sie an dem einen oder anderen stimmungsvollen Platz verweilen und eine ruhige Stimmung auf sich und Ihr Kind wirken lassen.

Die Reflexzonen behandeln

Die Stimulierung der Reflexzonen bietet die wunderbare Möglichkeit, direkten Einfluss auf bestimmte Organe zu nehmen.

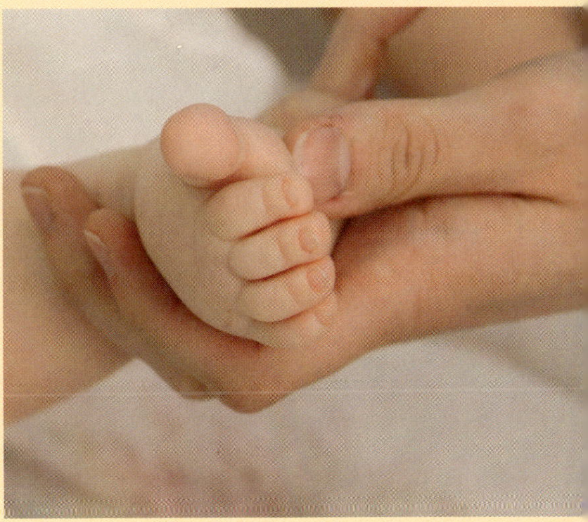

»Widerspiegelung« bestimmter Körperteile

Reflexzonen sind Haut- oder Muskelgebiete mit einer inneren Verbindung zu einem anderen Körperteil. Das können Gelenke oder Organe sein, wie zum Beispiel Knie, Knöchel, Magen, Darm oder Niere. Man kann sagen, dass Reflexzonen die Widerspiegelung eines bestimmten Körperteils in einem anderen Körpergebiet sind. Um den positiven Einfluss der Reflexzonenmassage nutzen zu können, brauchen Sie aber nicht zu wissen, welche Haut- und Muskelbereiche mit welchen Organen korrespondieren.

Instinktiv klopft man Babys nach dem Füttern auf den Rücken.

Die richtigen Reflexzonen finden wir oft ganz intuitiv

Öfter als wir denken, behandeln wir ganz instinktiv unsere Reflexzonen, ohne uns dessen bewusst zu sein. Klopfen Sie nicht auch ganz automatisch Ihrem Baby nach dem Stillen auf den Rücken, damit es überschüssige Luft leichter aufstoßen kann? Der Grund ist, dass eine Reflexzone für den Verdauungstrakt am fünften Rückenwirbel liegt.

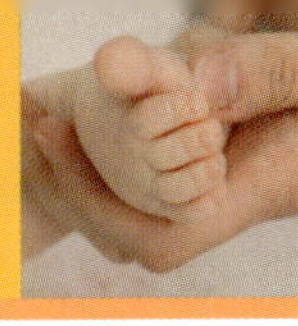

Ein anderes Beispiel: Beim Nasenbluten nutzen wir die reflektorische Verbindung vom Nasen-Rachenraum zum Nacken, wenn wir ein nasses, kaltes Tuch ins Genick legen, um die Blutung zu stoppen. Das Wissen um Reflexzonen des Körpers kann also bei der Behandlung der unterschiedlichsten Beschwerden helfen.
So können durch Massage und Dehnung der Waden die typischen Schulkopfschmerzen bei Kindern behandelt und beseitigt werden, weil die Waden in reflektorischer Verbindung zum Gehirn stehen. Wann immer wir also unsere Kinder massieren oder einfach berühren, werden nicht nur ein Haut- oder Muskelbezirk stimuliert, sondern auch eine Reflexzone.
Das ist auch der Grund, warum gewisse Körperteile bei der Harmonischen Babymassage besonders ausführlich und genau massiert werden, zum Beispiel Füße, Hände und Ohren.

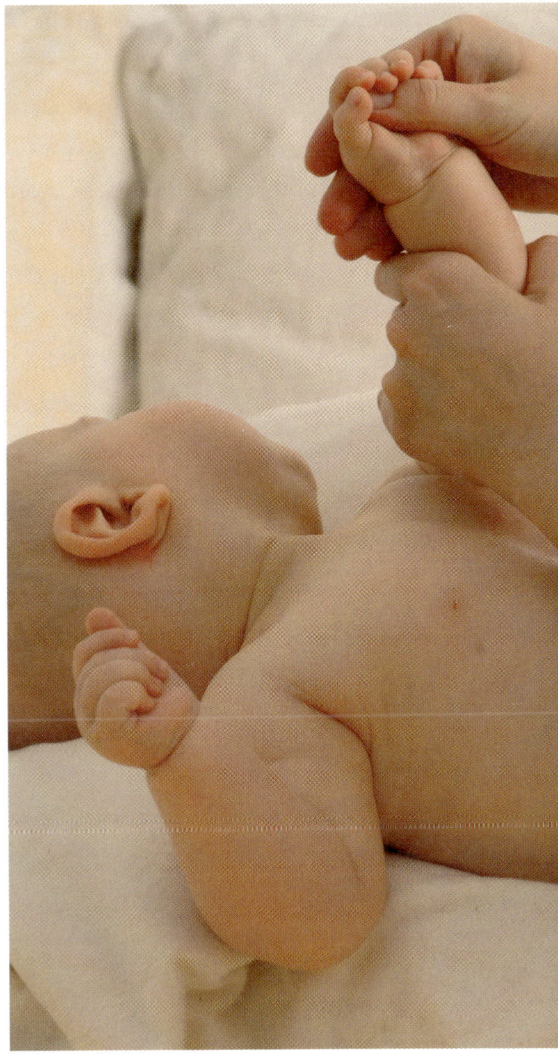

Reflexzonenmassagen werden auch an Babys Händen ausgeführt.

Lebensenergie anregen

Die Massage der so genannten »Reflexzonen« zum Beispiel an Händen und Füßen regt auch bei kleinen Kindern den Fluss der Lebensenergie an. Über »Energiebahnen« stehen diese bestimmten Bereiche mit dem ganzen Menschen in Beziehung. Die Reflexzonenmassage bietet die wunderbare Möglichkeit, die körpereigenen Heilkräfte zu aktivieren, sodass der Organismus sich selbst helfen kann und die Lebensenergie wieder ungehindert zu fließen beginnt.

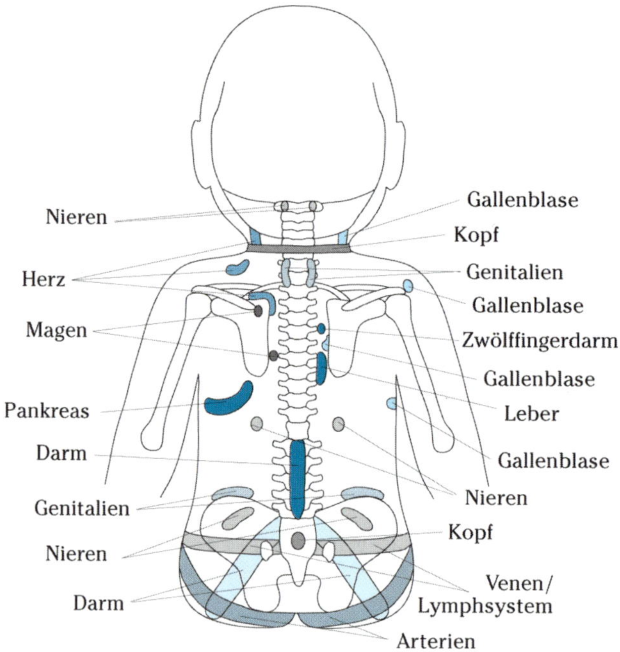

Eine Auswahl an Reflexzonen aus der Bindegewebsmassage bzw. Neuraltherapie als kleine Übersicht über die vorhandenen Reflexzonen im Rückenbereich.

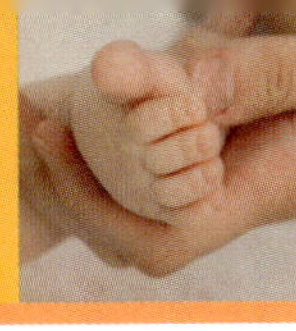

Hände und Füße

Die Hände und die Füße eines jeden Menschen sind das »Abbild« des gesamten menschlichen Körpers, sozusagen im Kleinen. So erklären es die Fachleute in Sachen Reflexzonen zumindest allgemein verständlich und sehr anschaulich mithilfe dieses Bildes.

Massiert werden hier bestimmte Punkte an Händen und Füßen, die andere Körperbereiche repräsentieren. Die Massage dieser bestimmten Hautbezirke bewirkt in den dazugehörenden Körperteilen bestimmte, heilsame Reaktionen. Auch andere Massageformen, wie zum Beispiel die Bindegewebsmassage, gehen von reflektorischen Zusammenhängen zwischen den Reflexzonen und zugeordneten Organen aus und arbeiten so. Wenn man sich überlegt, dass die riesige Anzahl von ungefähr 70 000 Nervenenden an den Füßen endet, wird die Wirksamkeit der Reflexzonenmassage an den Füßchen eines Babys oder Kleinkindes erst recht vorstellbar!

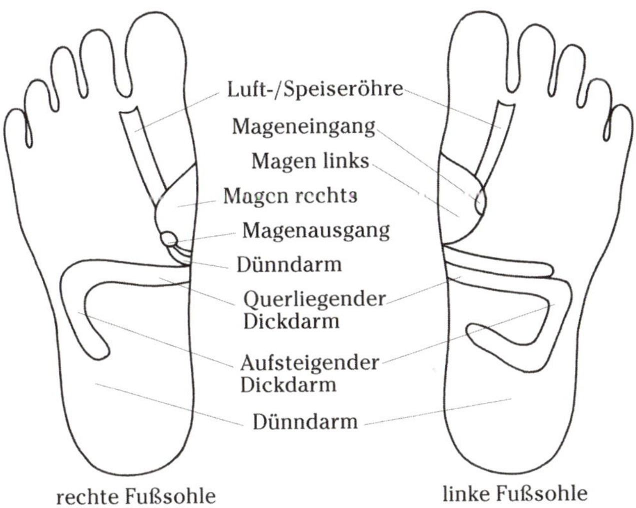

Bei der Reflexzonenmassage beim Baby soll keine Therapie durchgeführt werden, sondern der Organismus wird generell stimuliert.

Reflexzonen in der Babymassage

In der Babymassage ist die Zielrichtung bei der Behandlung der Reflexzonen allerdings anders: Hier geht es mehr um eine generelle Stimulation des gesamten Organismus, als um eine gezielte Therapie. Deshalb ist es unwesentlich, dass der Massierende bei einem Kind weiß, wo sich genau welche Reflexzonen befinden.
Es geht vielmehr darum, den gesamten Fuß (die Hand und das Ohr), systematisch »durchzuarbeiten«, denn dadurch werden beim Baby ganz automatisch alle Reflexzonen erfasst und stimuliert. Ohne dass wir uns also speziell um die eine oder andere Reflexzone kümmern, wird der gesamte, kleine Mensch behandelt.

Was bewirkt die Massage von Reflexzonen?

Es wird eine deutlich bessere Durchblutung der Reflexzone und des damit in Verbindung stehenden Körperteiles erreicht. Das heißt gleichzeitig, dass mehr Sauerstoff zugeführt wird; ebenso wird der Stoffwechsel aktiviert.

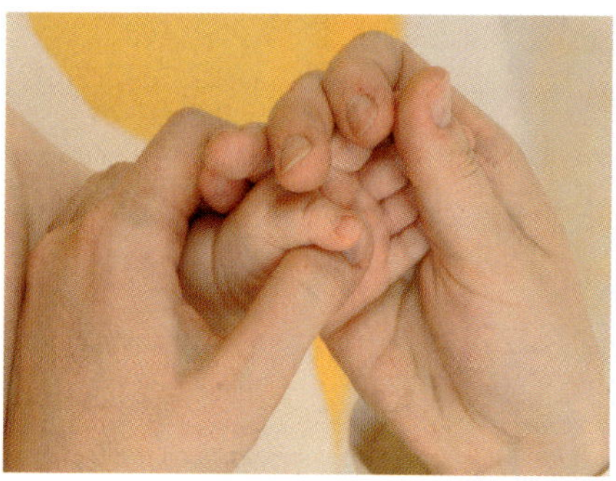

Reflexzonenmassage der Hand

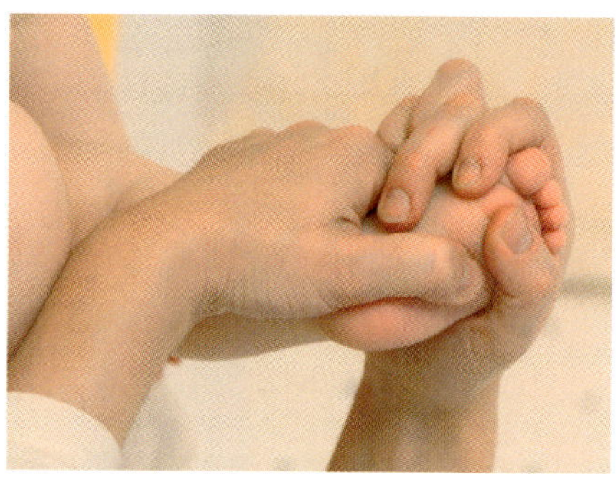

Reflexzonenmassage des Fußes

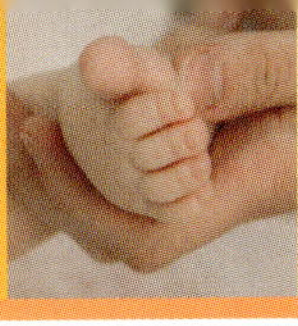

Gerade bei Säuglingen ist es wichtig, dass neben der guten Durchblutung dabei auch die Selbstheilungskräfte des kleinen Körpers aktiviert werden. Diese Selbstheilungskräfte dienen dann nämlich als Prophylaxe gegen Krankheiten, helfen aber auch bei der Wiederherstellung der Gesundheit. Sie sind ausschlaggebend bei der Entwicklung der eigenen Persönlichkeit, und fördern daneben entscheidend die körpereigenen Entwicklungsprozesse des Säuglings.

Wie funktioniert das?

Was heute bereits bei der Bindegewebsmassage wissenschaftlich erklärbar ist, funktioniert in einer ganz ähnlichen Weise auch bei allen anderen Reflexzonenanwendungen.
Bei der Technik der Bindegewebsmassage funktioniert das so: Jede organische Störung wird über einen Nerv zu einem dazugehörenden Muskel-Hautbezirk weitergeleitet und bewirkt dort eine Veränderung des so genannten Hautwiderstandes, der elektronisch messbar ist.
Durch diese organischen Störungen entstehen Muskelverhärtungen und Verklebungen in den Bindegewebsschichten. Diese werden dann zum Störfaktor der Reflexzone.
Werden nun in dieser Bindegewebs-Reflexzone durch Massage Heilimpulse gesetzt, so werden diese über die Nerven zum entsprechenden, dazugehörenden Organ weitergeleitet und sorgen dort für eine erhöhte Durchblutung und eine Aktivierung der Selbstheilung.
Genau erklärbar ist also dieser Mechanismus bei der üblichen Bindegewebsmassage. Wie es aber ganz genau bei der Reflexzonenmassage an den Füßen funktioniert, ist bis heute noch nicht erforscht und bleibt weiterhin ein Geheimnis!

Ätherische Öle und ihre Wirkung über die Fußreflexzonen

Bei der Verwendung von ätherischen Ölen denkt man zunächst meistens an eine Anwendung und Wirkung über den Geruchssinn. Bekannt ist, dass die Duftmoleküle über die extrem geruchsempfindliche Riechschleimhaut der Nase aufgenommen werden.
Dass ätherische Öle aber auch über Reflexzonen ihre Wirkung entfalten, ist weit weniger geläufig. Aromatherapeuten fanden nämlich heraus, dass die ätherischen Öle auch ganz gezielt über die Fußreflexzonen eingesetzt werden können. Es ist inzwischen erwiesen, dass die Wirkstoffe der ätherischen Öle, die im Hautbereich verwendet werden, nach wenigen Augenblicken im Blut wiederzufinden sind. Diese Erkenntnis bestärkt uns darin, dass die Anwendung dieser Öle aus einer solchen Sicht auch bei der Harmonischen Babymassage durchaus ihren Sinn hat.
Normalerweise wird bei der klassischen Anwendung der Fußreflexzonenmassage kein Öl verwendet. In der Harmonischen Babymassage allerdings werden alle Körperteile, also auch die Füße und Hände mit Öl massiert, sodass die Wirkung der darin enthaltenen ätherischen Öle über die Reflexzonen ganz automatisch zustande kommt. Interessant dabei ist, dass die Fußsohle einem gewissen Schutzfilter gleicht. Das heißt, dass nur die für den Körper günstigen Wirkstoffe in den Organismus gelangen können.
Um Missverständnissen vorzubeugen: Die Griffe an den Füßen und die Einbeziehung der Massage der Fußreflexzonen werden in der Harmonischen Babymassage nur mit dem Öl, das auch sonst am Körper verwendet wird, praktiziert. Es darf auf keinen Fall ein reines ätherisches Öl für diese Griffe an den Füßen verwendet werden.

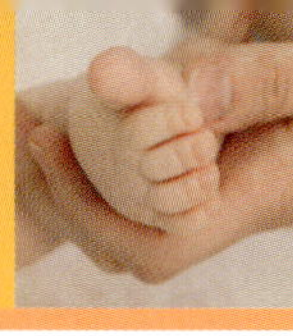

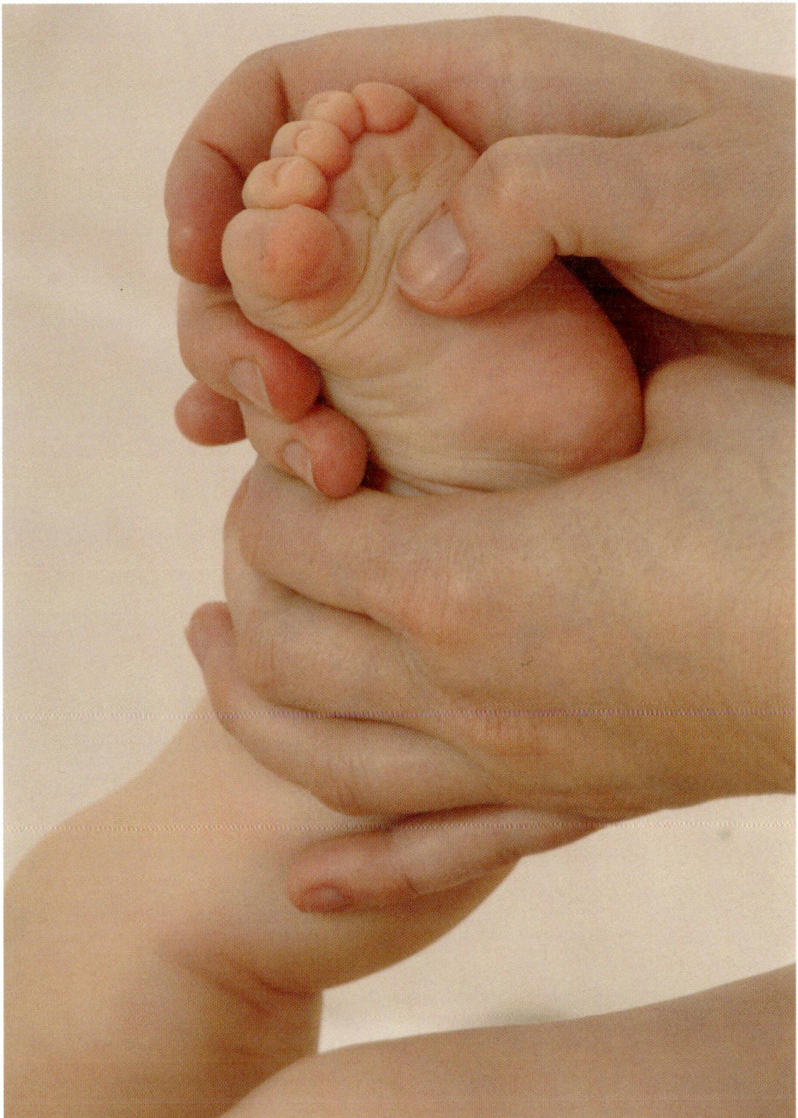

In der klassischen Fußreflexzonenmassage wird kein Öl verwenden. Bei der Babymassage allerdings schon.

Achtung !

Generell sind niemals reine, ungemischte ätherische Öle am ganzen Körper vom Laien anzuwenden!
Erfahrungen aus der Praxis haben immer wieder gezeigt, dass eine einfühlsame Massage der Reflexzonen auf geheimnisvolle Weise, aber trotzdem sehr wirksam, Blockaden und Verspannungen lösen kann und Energien wieder frei strömen lässt.
Es kann nicht oft genug gesagt werden, dass die Betonung hier auf dem Wort »einfühlsam« liegt! Die »einfühlsame« Berührung nämlich ist das Geheimnis der gesamten Babymassage, die dann Entspannung bringt und so auch ein Symbol für Zuneigung und Liebe ist.
Zu zartes, zaghaftes Berühren verunsichert das Kind und hat keine Wirkung auf den Mechanismus der Reflexzonen.
Einfühlsam heißt dann also, nicht allzu sanft zu massieren oder zu berühren.
Versuchen Sie, Ihre ganz individuelle Handschrift zu finden und dem Kind zu vermitteln.

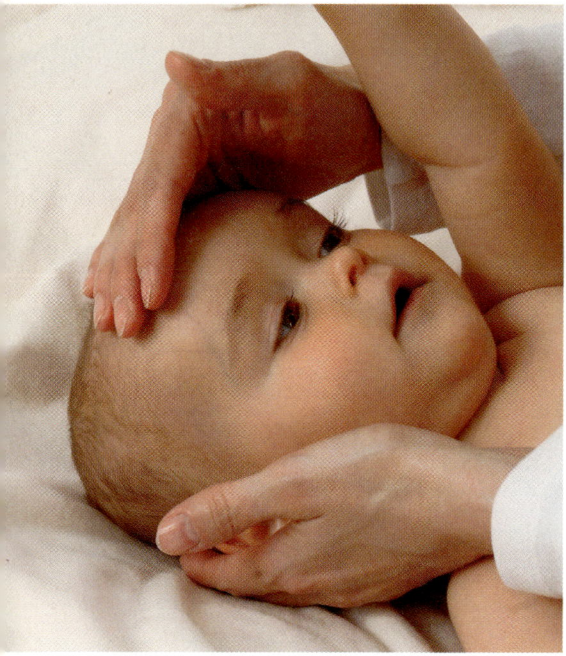

Einfühlsam massieren ist das Geheimnis der Babymassage.

Die Massage richtig begleiten

Sie können die Massage durch den Einsatz von Klangformen, Farben und Düften abrunden. Wie, das erfahren Sie in diesem Kapitel.

Wecken Sie alle Sinne Ihres Babys

Duft, Farbe und Musik runden die Harmonische Babymassage auf ganz natürliche Art und Weise ab. Sie entfalten eine harmonische Wirkung, indem sie auf die Sinne des Kindes einwirken. Dadurch unterstützen sie die Entwicklung des Kindes, denn das Gehirn ist nicht einem automatischen Wachstum unterworfen, sondern braucht Anforderungen.

Düfte können eine positive Reizstimulation sein.

Positive Reize stimulieren

Alle Sinneswahrnehmungen, die auf ein Baby oder auch auf einen erwachsenen Menschen einströmen, haben wesentlichen Einfluss auf das Gehirn und dessen Leistungsfähigkeit, genauso wie auch auf die Entfaltung der Persönlichkeit. Die Leistungsfähigkeit eines Menschen ist natürlich auch immer davon abhängig, wie viel positive Reize und wie viel Stimulation er in der Wachstumsphase erfährt. Je vielseitiger und breit gefächerter die Anforderungen sind, umso größer werden auch die Möglichkeiten und Fähigkeiten des Gehirns und der eigenen Persönlichkeit sein.

Duft

Auch durch Gerüche nehmen wir die Welt wahr.

Schon in den allerersten Minuten auf dieser Welt wirken Düfte und Gerüche auf uns ein. Der Säugling erkennt seine Mutter an ihrem Geruch und prägt ihn sich ein. Es entsteht ein erstes gemeinsames Liebesband zwischen Mutter und Kind. Düfte belehren und erziehen uns in den ersten Lebensjahren und begleiten uns dann das ganze Leben lang. Sie schärfen die Sinne, regen die Kreativität und die Lernbereitschaft an.
Das Riechen steht in Verbindung mit dem so genannten Limbischen System des Gehirns. Dies ist auch das Zentrum für Gefühle, Erinnerungen und Lernverhalten. Sowohl das Riechen wie auch das Tasten geschehen nicht immer bewusst, sondern auch unbewusst und wirken so tief in die Strukturen der Persönlichkeit hinein. Bruno Walter verdeutlicht dies:

»Wenn Sie sich an alte Filme erinnern, fallen Ihnen vielleicht ein paar Szenen ein, in welchen man Bewusstlosen ein Riechsalz unter die Nase hielt, damit sie wieder das Bewusstsein erlangten.«

Düfte können wir bei der Babymassage durch ätherische Öle im Massageöl einsetzen. Eine andere Möglichkeit ist, die Aromen mit Hilfe von Duftlampen zu verteilen. Allerdings muss hier ernsthaft vor Übereifer gewarnt werden! Ätherische Öle haben durchaus ihre Wirkung und sie sind zum Teil wie Heilmittel oder Medikamente zu handhaben.
Wenn Sie intensiver mit ätherischen Ölen arbeiten wollen, empfiehlt es sich auf jeden Fall, sich in entsprechenden Fachbüchern schlau zu machen (siehe Anhang). Vielleicht ist auch Ihre Hebamme Fachfrau auf diesem Gebiet und kann Ihnen ein paar Tipps und entsprechende Anleitungen geben.

»Gehen Sie wirklich achtsam und sorgfältig mit den ätherischen Ölen um! Ein Beispiel: Hustensaft wird auch nicht ständig getrunken, weil er einfach so gut schmeckt, sondern nur, wenn er wirklich nötig ist und dann auch nur wohl dosiert«, rät Bruno Walter.

Ätherische Öle können durchaus eine heilende Wirkung haben.

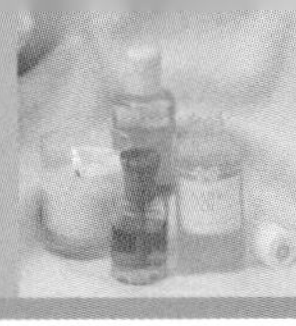

Einige der gebräuchlichsten ätherischen Öle für Säuglinge

- *Lavendel* Ein gutes Einstiegsöl, beruhigt und gleicht aus. Bei Insektenstichen oder Verbrennungen direkt auf die Haut geben.
- *Mandarine* Entspannt die Muskulatur, wirkt appetitanregend, auflockernd, und seine fruchtige Frische unterstützt eine gefühlsmäßige Leichtigkeit.
- *Vanille* Besänftigt und gleicht aus bei Verzweiflungsgefühlen, bei innerer Gereiztheit und Ärger.
- *Honig* Beruhigt und entspannt, ist gut geeignet bei empfindlicher und zu Entzündungen neigender Haut.
- *Rose* Ein absoluter Edelduft. Harmonisiert auf allen Ebenen Körper, Seele und Geist.
- *Sandelholz* Auch der heilige Duft des Orients genannt. Wirkt schleimhautregenerierend und krampflösend.

Mandarine, Vanille und Honig sind übrigens die Favoriten bei den kleinen Nasen.

Wenn Sie wissen, wie Sie wann welche ätherischen Öle anwenden können, ist das eine wunderbare Möglichkeit für Sie und Ihr Kind, negative Stimmungen und körperliche Beschwerden positiv zu beeinflussen. Bitte, sparen Sie nicht und verwenden Sie nur qualitativ hochwertige Öle aus dem Fachhandel (siehe Anhang). Die Haut Ihres Babys wird es Ihnen danken. Bei der Harmonischen Babymassage verwenden wir auch ganz einfache

und natürliche Düfte. Suchen Sie ganz naturbelassene Duftträger, die sogar bei einem eventuellen Verzehr ungefährlich sind. Zum Beispiel: unbehandeltes Obst und Gemüse wie Apfelschalen, Birnenschalen, Fenchel- oder Karottenkraut. Auch milde Kräuter wie Petersilie, Melisse, Majoran und Oregano eignen sich dafür; allerdings nur in getrockneter Form! Und nicht zu vergessen die Urdüfte Gras, Heu, Tannenzweige.
Reiben Sie einen dieser Duftträger zwischen Ihren Handflächen und legen Sie ihn dann beiseite. Der Duft verbleibt in Ihren Händen, sodass Sie ihn anschließend in eine Stoffwindel oder in das Lieblingstuch Ihres Kindes einkneten können. Lassen Sie es später damit spielen oder damit in seinem Bett liegen. Ihr Kind bekommt so auf ganz natürliche Art und Weise eine sanfte Dufterfahrung. Man sollte immer etwa drei bis vier Tage bei der Anwendung eines Dufts bleiben und erst danach zu einem anderen überwechseln.

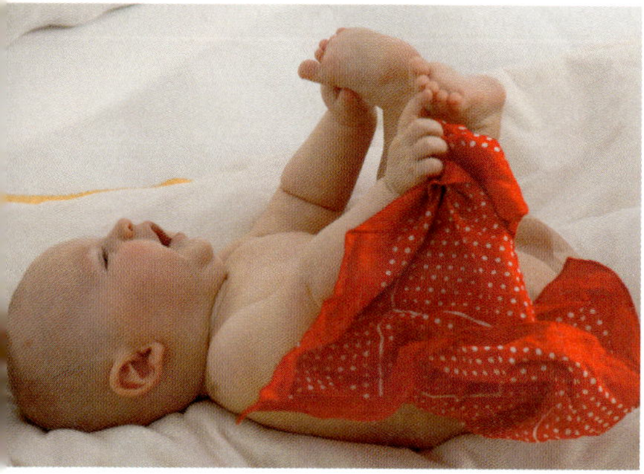

Kneten Sie einen Duft in das Lieblingstuch Ihres Kindes.

Anwendung der Düfte in der Duftlampe

Verwenden Sie nie mehr als zwei bis drei Tropfen, wenn Sie ätherische Öle über die Duftlampe verdampfen lassen und achten Sie darauf, dass die Lampe genügend Abstand zum Kind hat. Ob Sie einzelne Duftnoten oder Fertigmischungen verwenden, bleibt ganz Ihnen überlassen. Wichtig ist wirklich nur, dass Sie nicht zu viel

nehmen. Die ätherischen Öle haben auch durchaus ihre Wirkung, wenn sie nicht übermäßig wahrnehmbar sind. Sie werden merken, welcher Duft Ihrem Kind am angenehmsten ist.

Urdüfte und Naturduftträger

Älteren Kindern, die schon greifen gelernt haben, können Sie zwischendurch auch einen Gemüse- oder Obstschnitz geben. Das ermöglicht ihnen ganz natürliche und frische Düfte kennen zu lernen und zu begreifen. Das »einfache« Riechen ist für die kindliche Entwicklung außerordentlich wichtig und wird leider in seiner Bedeutung vielfach unterschätzt.

Anwendung der Düfte im Massageöl

Beginnen Sie immer mit einer sehr geringen Menge eines ätherischen Öles. Maximal 1 Tropfen ätherisches Öl auf 10 ml Basisöl, zum Beispiel Mandelöl.

Rezept:
50 ml Mandelöl
50 ml Johanniskrautöl
3–5 Tropfen Mandarine grün
3–5 Tropfen Lavendel fein
Bedenken Sie, dass das Johanniskrautöl die Haut lichtempfindlich macht. Sie müssen das Kind also nach der Massage vor direkter Sonneneinstrahlung schützen.

Rot ist eine besonders beliebte Farbe bei Babys.

Farbe

Licht und Farben sind, wie die Musik auch, Schwingungen. Der Unterschied ist nur, dass sie eine wesentlich höhere Frequenz haben, das heißt, feinere und höhere Schwingungen. Die Schwingung der Musik können wir hören, die Schwingung der Farben können wir sehen: Die Wirkung ist also ganz ähnlich.

Bei der Harmonischen Babymassage werden Farben aus den gleichen Gründen eingesetzt wie Musik: Sie haben einen großen Einfluss auf unser Befinden. Und sie sind eine weitere Möglichkeit, einen ganz besonderen Zugang zu dem Baby zu finden. Eine Lieblingsfarbe ist aber nicht nur abhängig vom jeweiligen Menschen, sondern auch vom Zeitpunkt. Ein Kind »weiß« genau, wann es welche Farbe braucht.

Mit Hilfe verschiedener Gegenstände können Eltern herausfinden, welches im Moment die Lieblingsfarbe ihres Babys ist, und ihm diese dann in Form von Kleidung, Bettwäsche, Kuscheltücher oder Spielsachen zur Verfügung stellen.

Die Fähigkeit Farben zu sehen, muss sich beim Säugling erst entwickeln. Rot ist die erste Farbe, die ein Baby sehen kann. Ein Grund, warum die

meisten Kinder begeistert nach roten Spielsachen greifen. Die Entwicklung, auch andere Farben wahrnehmen zu können, kann nur in Gang kommen, wenn das Baby auch Gelegenheit hat, diese Farben zu sehen. Man sollte Kindern also ein möglichst breites Spektrum an Farben anbieten. Interessanterweise hat sich herausgestellt, dass sich viele Mütter intuitiv in der momentanen Lieblingsfarbe ihres Babys kleiden, was dessen Laune fördert!

»Passen Sie bei der Farbauswahl aber auf, dass ein bestimmter Farbton oder eine besondere Farbrichtung dominiert! Jede Farbe hat ihre ganz spezielle Wirkung. Wenn ein Kind zum Beispiel Spielzeug in allzu bunter Mischung präsentiert bekommt, kann es sein, dass eine Farbe die Wirkung der anderen aufhebt. Bei allzu großem Farbdurcheinander ist auch die Gefahr einer Sinnesüberreizung nicht zu unterschätzen. Außerdem gilt auch hier wie bei den Düften und der Musik: Eine ausgesuchte Farbrichtung ist etwa drei bis vier Tage lang beizubehalten«, rät Bruno Walter.

Welche Farben soll man für Babys verwenden? Wissenschaftler vertreten sehr verschiedene Ansichten, welche Farben oder Farbgruppen die positivste Wirkung auf Kinder haben. Die Vorstellungen der Fachwelt reichen dabei von reinen Pastelltönen bis hin zu knalligen Popfarben.

»Ich bin der Meinung, dass die Natur uns alle Farben richtig vorgibt. Wenn wir uns mit unseren Kindern vorwiegend draußen aufhalten, sehen sie automatisch das Blau des Himmels, das Grün der Wiesen und Bäume und das Gelb der Kornfelder. Diese Naturfarben empfehle ich immer wieder, wenn Mütter oder Hebammen mich danach fragen«, sagt Bruno Walter.

Anwendung der Farben

Ihrer Fantasie sind hier kaum Grenzen gesetzt, wenn es darum geht, die Lieblingsfarben Ihres Kindes mit einzubeziehen. Tragen Sie selbst die Farben, die Ihr Kind mag, oder ziehen Sie es in seiner Lieblingsfarbe an. Eine andere Möglichkeit ist, farbige Bettwäsche zu benützen, sodass Sie das Kinderbett mit »seinen« Farben ausstatten können.

Farben und ihre Wirkungen

Das Grün der Wiesen ist beruhigend und harmonisierend.
Das Blau des Himmels gehört ebenso zu den beruhigenden und entspannenden Farben; wirkt jedoch im Vergleich zu grün schneller und intensiver.
Das Gelb der Getreidefelder stärkt die Konzentrationsfähigkeit, provoziert Freude und Leichtigkeit und wirkt nervenstärkend.
Das Braun der Erde oder des Holzes wirkt ausgleichend.
Das Rot des Sonnenauf- oder -untergangs motiviert, belebt und ist allgemein anregend.
Orange vereint die Wirkung von gelb und rot in sanfter, harmonischer Form.
Rosa beruhigt stark und wirkt schnell und intensiv. Vorsicht aber: Bei intensiver und langer Anwendung kann die beruhigende Wirkung dieser Farbe ins Gegenteil umschlagen und Unruhe und Aggressionen auslösen.

Schon ganz kleine Kinder wissen sehr genau, welche Farben ihnen gefallen.

Kinder lieben Klänge und Musik.

Musik

Klang und Musik sind lebensnotwendig. Musik kann heilen, wie es zum Beispiel die Klangtherapie zeigt. Musik ist Schwingung. Manche Schwingungen erhöhen die Lebenskraft, andere schwächen sie, was zum Beispiel beim Dauerkonsum von bassreicher Rockmusik und synthetischer Musik der Fall sein kann.
Richtig ausgewählt und angewendet, kann sie aber ein Labsal für Körper, Geist und Seele sein. Es ist inzwischen belegt, dass akustische Einflüsse regenerierend auf das Gehirn und damit auf das Nervensystem wirken können. Die Zellen der Großhirnrinde können sich durch bestimmte akustische Signale regenerieren.

Babys lieben hohe Stimmen

Es sind insbesondere die hohen Frequenzen, die positiv wirken. Ganz instinktiv hebt jede Mutter ihre Stimme an, wenn sie mit ihrem Baby spricht oder Kontakt aufnehmen will. Hauptsächlich durch solche hohen Frequenzen, sei es nun in der mütterlichen Stimme, in der Natur oder in bestimmten Musikrichtungen, bekommt unser Nervensystem – übrigens zu 90 Prozent über das Ohr – Energie zugeführt.

Zweifelsohne ist die menschliche Stimme der beste Tonträger, danach ein Originalinstrument. Bei der Babymassage greifen wir natürlich auch auf Musik »aus der Konserve«, also auf künstliche Tonträger wie Kassetten oder CDs zurück. Geeignet sind Stücke mit wenigen Instrumenten, klassische europäische und indische Musik, in der viele Obertöne mitschwingen. Alte Kinder- und Wiegenlieder sind ein wunderbares Mittel, die Harmonische Babymassage abzurunden. Besonders schön ist es natürlich für Ihr Kind, wenn Sie mitsingen. Es hört Ihre vertraute Stimme und fühlt sich aufgehoben und wohl.

Im Mutterleib »Musik« gehört

Um die Bedeutung der Musik in der Harmonischen Babymassage zu verstehen, versetzen wir uns einmal in die Lage des Kindes im Mutterleib. Dort hat es ein Leben in ständiger Bewegung, ganz gleich was die Mutter tut, ob sie sich setzt, hinlegt oder schläft. Das Kind erlebt ständige Berührung, gleichmäßige Wärme und wird von den ganz natürlichen Geräuschen des Körpers der Mutter umgeben. Es hört also eine wunderbare Sinfonie aus Herzklopfen, aus dem Pochen der Blutströme und aus anderen Organgeräuschen.

Bereits im Mutterleib nimmt das Baby Geräusche wahr.

»Man muss sich einmal bewusst machen, wo der Übergang vom Leben im Mutterleib zum Leben nach der Geburt für das Kind besonders schwierig sein kann. Oft werden die Neugeborenen in starre, unbewegliche Kinderbettchen gelegt, die überhaupt keine Ähnlichkeit mehr mit der leichten, schwebenden Bewegung im Mutterleib haben. Viele übervorsichtige Eltern sorgen dann zu Hause für eine fast beängstigende, sterile Stille, wenn sie die Kleinen zum Schlafen gelegt haben. Die meisten Babys bekommen dann ein unerträgliches Gefühl des völligen Alleinseins, und das löst natürlich Angst aus. Unaufdringliche Haushaltsgeräusche, leise Musik und normale Lautstärke bei Unterhaltungen sind also viel ›natürlicher‹ und schlaffördernder für das Kind«, erklärt Bruno Walter.

Singen Sie Ihrem Baby ruhig öfters etwas vor.

Das Verlangen nach Berührung und Wärme wird zum einen durch regelmäßige Pflege und Versorgung wie Wickeln, Stillen und Schmusen befriedigt und ganz gezielt durch die Harmonische Babymassage. Klänge, Musik oder Gesang sollten während der Massage und auch sonst immer wieder mitschwingen. Singen, Verse aufsagen oder Geschichten erzählen sind eine wunderbare Quelle der Entspannung, auch beim Trockenlegen, Wiegen und Stillen. Wichtig ist dabei nicht der Gehalt der Worte,

sondern der Klang der Stimme als solche. Ob Sie nun musikalisch sind oder nicht, ist dabei unerheblich. Trauen Sie sich zu singen oder wenigstens zu summen! Keine Stimme ist für das Baby beruhigender als die seiner Eltern. Wichtig allein ist, dass das Baby und die Mutter oder der Vater sich aufeinander einstimmen.
Auch zum Einschlafen eignet sich eine leichte, leise Begleitmusik. In den ersten Lebenswochen bringen fast alle Säuglinge Tag und Nacht durcheinander. Den richtigen Rhythmus, also Tagesaktivität und Nachtruhe, müssen sie erst finden. Sie können bei diesem Problem mit Musik unterstützend mitwirken, indem Sie am Tag beim Einschlafen verschiedene Musikstücke spielen und beim abendlichen Einschlafen immer dieselben wiederholen. Das Baby erkennt bald die immer gleiche Musik, die das Einschlafen signalisiert.

Musik hilft Kindern häufig sehr gut beim Einschlafen.

Anwendung von Musik

Gerade während der Massage entspannt ein gesungenes oder gesummtes Lied sowohl die Mutter als auch das Kind. Zum Einschlafen am Tag eignet sich Musik aus den Kategorien 1 bis 3 (siehe Seite 83), die allerdings nach drei oder vier Tagen wieder gewechselt werden sollte.

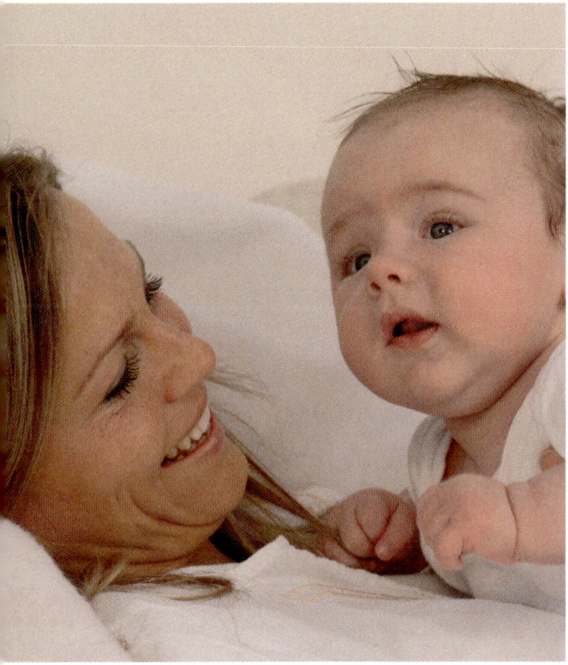

Lauschen Sie zusammen mit Ihrem Kind leiser Musik.

Legen Sie sich mit Ihrem Kind täglich zu einer festgelegten Zeit für etwa 5 bis 15 Minuten gemütlich hin und halten Sie Blickkontakt. Versuchen Sie, dem Kind zu erklären, dass Sie jetzt mit ihm Musik hören wollen. Schließen Sie dann die Augen und hören Sie konzentriert einer leisen Musik im Hintergrund zu. Das Kind wird mit dieser Übung immer mehr den Unterschied zwischen Aktivität und Ruhe, zwischen Spannung und Entspannung kennen lernen.
Beim abendlichen Einschlafen sollte man bei einer kleinen Anzahl verschiedener, sich aber wiederholender Melodien bleiben, die auch wirklich nur zum abendlichen Einschlafen gespielt werden. Gut geeignet ist hier Sandawa-Musik, Meditationsmusik, Musik aus den Kategorien 1 und 2 oder Wiegenlieder. Neben der richtigen Musikauswahl ist es auch wichtig, die richtige Lautstärke zu finden.
Auch hier gilt: Weniger ist mehr. Wenn Sie als Erwachsener die Musik gerade noch ohne Mühe hören können, ist die Lautstärke für Ihr Kind ideal. Das Gehör des Babys ist nämlich wesentlich besser ausgeprägt als Ihres. Leise Musik fördert zudem besser das bewusste Zuhören.

Empfehlenswerte Musik

- Kategorie 1 Ruhige, klassische Musik: Mozart, Beethoven, Bach.
- Kategorie 2 Barockmusik, besonders langsame Sätze: Haydn, Vivaldi.
- Kategorie 3 Klassische indische Musik: von Ravi Shankar (Sitar), Ali Akbar Khan (Sarod), Ramakant Patil (indische Flöte).
- Kategorie 4 Sandawa-Musik: Urtöne 1 von Joachim-Ernst Berendt und Planetentöne, Institut Bruno Walter.
- Kategorie 5 Meditationsmusik: keine künstlich erzeugte Musik, sondern nur Klänge von Originalinstrumenten wie Harfe, Klavier oder Originalaufnahmen von Naturgeräuschen. Harmonie der Sinne, Institut Bruno Walter.
- Kategorie 6 Kinder- und Wiegenlieder: selbst gesungen, gesummt oder auf Kassetten und CDs.

Kinderreime und Wiegenlieder

Lange schon, bevor ein Kind zu sprechen beginnt, ist es in der Lage, Töne und Laute zu unterscheiden. Die Sprachmelodie und der Sprachrhythmus sind für das Kind wie ein Tor zu unserer Sprache. Ganz intuitiv singen Mütter seit jeher Lieder oder sagen ihren Kindern Reime auf, weil der Singsang und die verschiedenen Wortspiele den kleinen, aufmerksamen Zuhörern großen Spaß machen.

Vielfältige Versuchsreihen haben belegt, dass Kinder, denen man schon früh Schüttelreime aufsagte und Lieder vorsang, deutlich leichter und schneller sprechen lernen. Auch wenn sie noch nicht den Sinn der Worte eines »Backe-backe-Kuchen« oder eines »Ri-Ra-Rutsch« erfassen können, nehmen sie den Rhythmus, die Tonhöhen und die verschiedenen Laute wahr und lernen schon unbewusst zu unterscheiden.

Im Laufe der Zeit verstehen sie dann allmählich immer mehr den Inhalt der Reime und Lieder. Sie versuchen zuerst, die Vokale nachzuahmen, dann die Konsonanten. Dann ist es nur noch ein kleiner Schritt zum ersten »Mama« oder »Papa« und dann beginnt der Wortschatz ganz allmählich zu wachsen.

Erinnern Sie sich manchmal nicht auch? Plötzlich taucht ein fast in Vergessenheit geratener Reim im Gedächtnis auf, ein flüchtiges »Stöffele-Pantöffele« oder das beliebte »Ri-Ra-Rutsch«, und das weckt dann meist viele lieb gewordene, alte Erinnerungen an die eigene Kindheit.

In den ersten Lebensjahren erfährt ein Kind Musik hauptsächlich im häuslichen Bereich, in seiner nächsten Umgebung also. Es hört Stimmen und es

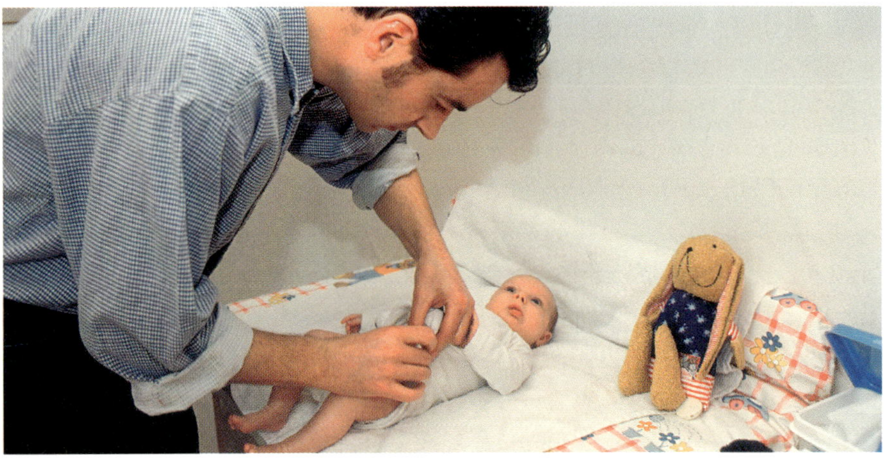

Das Wickeln macht Kindern mehr Spaß, wenn Sie dabei Reime aufsagen oder Lieder vorsingen.

Entspannen Sie mit Ihrem Baby, indem Sie ihm beim Kuscheln und Schmusen leise vorsummen.

hört sich selbst. Das Baby ist voller Neugier auf die Welt der Töne. Wie faszinierend ist es dann erst für die Kleinen, wenn die Eltern singen oder ihnen Lieder vorsummen.

Alle Kinder lieben es, am Abend in den Schlaf gesungen zu werden. Auch tagsüber ist Singen eine wunderbare Möglichkeit für Eltern und Kinder, gemeinsam eine entspannende Pause einzulegen. Das festigt den Kontakt und die Nähe zum Kind und trainiert die kleinen Ohren, auch für die feinen Zwischentöne offen zu sein.

Das Ohr repräsentiert einen der wichtigsten Sinne. Gerade in einer Zeit, in der Tausende von Geräuschen auf Kinder einwirken, gewinnt das bewusste Zuhören an Bedeutung. Viele Kinder müssen erst richtig hören lernen. Die häusliche Umgebung ist ein guter Platz, um das Kind zum bewussten Hören hinzuführen.

Eine ganz andere, aber wunderschöne Übung ist das so genannte Vokalsingen. Dazu verwendet man einen beliebigen Vokal und singt ihn ganz langgezogen und anhaltend.
Spielen Sie dabei ruhig etwas mit der Tonlage und verändern Sie auch langsam und sanft die Artikulation durch Bewegungen des Mundes und der Zunge.
Keine Angst: Die Intonierung muss dabei nicht sauber und klangrein sein; sie darf ruhig etwas »schräg und schief« klingen. Gerade das wird beim Säugling zu freudiger Aufmerksamkeit führen! Das Vokalsingen kann noch durch das Auflegen der flachen Hand auf Brustkorb und Rücken intensiviert werden. Lassen Sie dabei Ihre Hände leicht vibrieren.

Was die Vokale bedeuten

Das »I« steht beim Vokalsingen für den Bereich des Kopfes.
Das »E« für den Hals und den Kehlkopf.
Das »A« für den Brustkorb und den Atem.
Das »O« für den Oberbauch.
Das »U« für den Unterleib.

Die Vokale wirken genau in diesen Körperbereichen harmonisierend.

Nach Abschluss des Vokalsingens hören Sie mit dem Kind bewusst auf die Stille. Das Vokalsingen in dieser Form ist ein bewährtes Mittel, um unruhige und drastische Situationen wieder in den Griff zu bekommen.

Gleichgewicht und Rhythmus

Rhythmus ist das Urprinzip der gesamten Schöpfung und begegnet uns in allem Lebendigen.

Urprinzip der Schöpfung

Was viele nicht wissen: Rhythmus ist nicht nur wie allgemein oft angenommen ein Merkmal der Musik. Rhythmus ist vielmehr das Urprinzip der ganzen Schöpfung und kehrt in der Natur immer wieder. Der Rhythmus bestimmt nicht nur Tag und Nacht eines Menschen, sondern das ganze Leben.

In den Rhythmus hineinwachsen

Wenn wir uns eine Welle bildhaft vorstellen, haben wir es immer mit einem Wellenberg und einem Wellental zu tun. Das heißt, dass jede Form der Welle ihren eigenen Gegensatz hat. Diese Gegensätze sind lebensnotwendige Naturprinzipien. Große Rhythmen in der Natur sind zum Beispiel Sommer und Winter, Tag und Nacht, Wachen und Schlafen.

Unser heutiges hektisches und modernes Leben entspricht oft nicht mehr diesen naturgegebenen Rhythmen. Regelmäßiges Essen und Trinken, von der Natur aus vorgegebene Ruhezeiten sind kaum noch gültig.

Das Leben in früheren Zeiten war den Rhythmen ganz selbstverständlich angepasst. Der Sommer war die Zeit der höchsten Aktivitäten, der Winter die Zeit der Ruhe. Die langen Nächte sorgten ganz natürlich für reichlich Schlaf und Erholung.

Auch ein Baby muss langsam in den Rhythmus der Natur hineinwachsen und es ist die Kunst der Eltern, dem Kind dabei zu helfen, den Weg in diese äußeren Rhythmen zu finden. Die wichtigsten Rhythmen für Babys sind Unterschiede zwischen Tag und Nacht, Essen und Schlafen. Das Kind braucht diese Rhythmen, um Sinneseindrücke zum einen aufzunehmen und zum anderen in Ruhe zu verarbeiten. Darauf stellen sich mit der Zeit

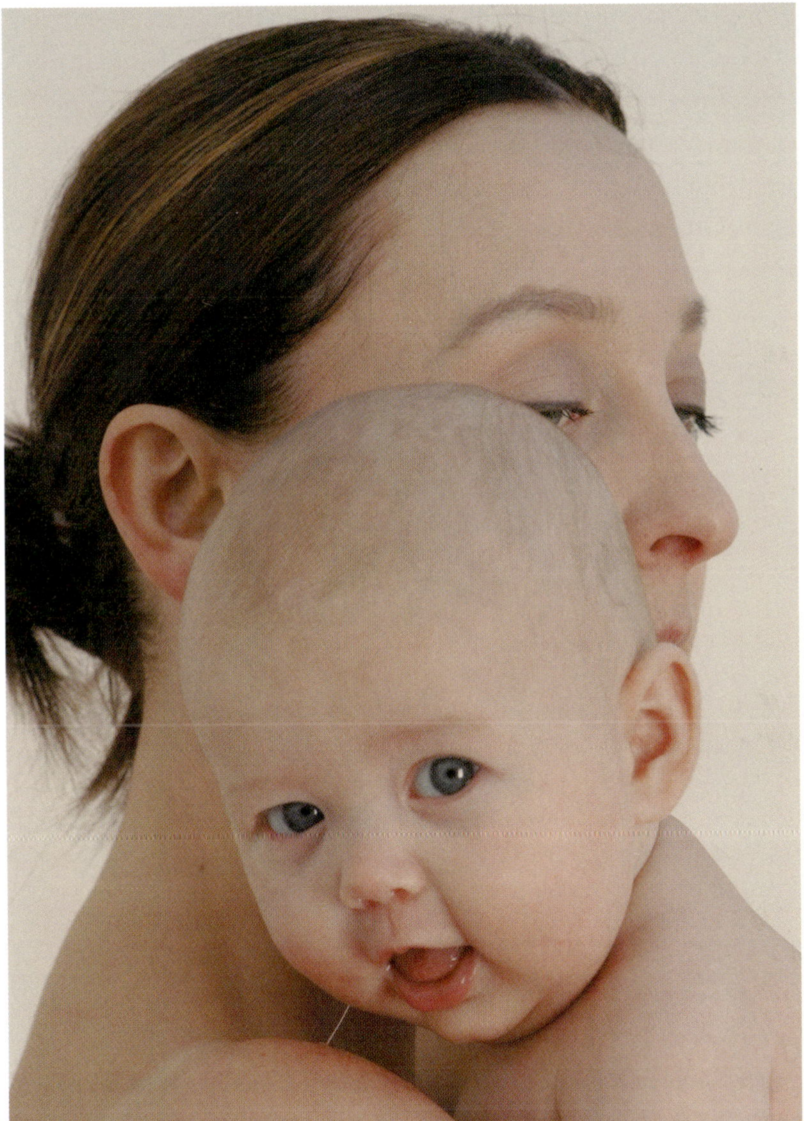

Ein kleines Baby muss sich im Rhythmus des Lebens erst noch zurecht finden.

auch die Organe ein, die wie der gesamte Organismus ihre Hoch- und Tiefphasen haben. In unserer Zeit erscheint es immer wichtiger darauf hinzuweisen, wie durch negative Überlastung mit akustischen, visuellen und taktilen Reizen natürliche Rhythmen entgleiten.
Ständige Sinnesüberflutung ohne den dazugehörenden Gegenpol, nämlich eine entsprechende Ruhephase, führt zu massiver Überlastung, die zu Blockaden bei der Persönlichkeitsentfaltung des Babys führen.

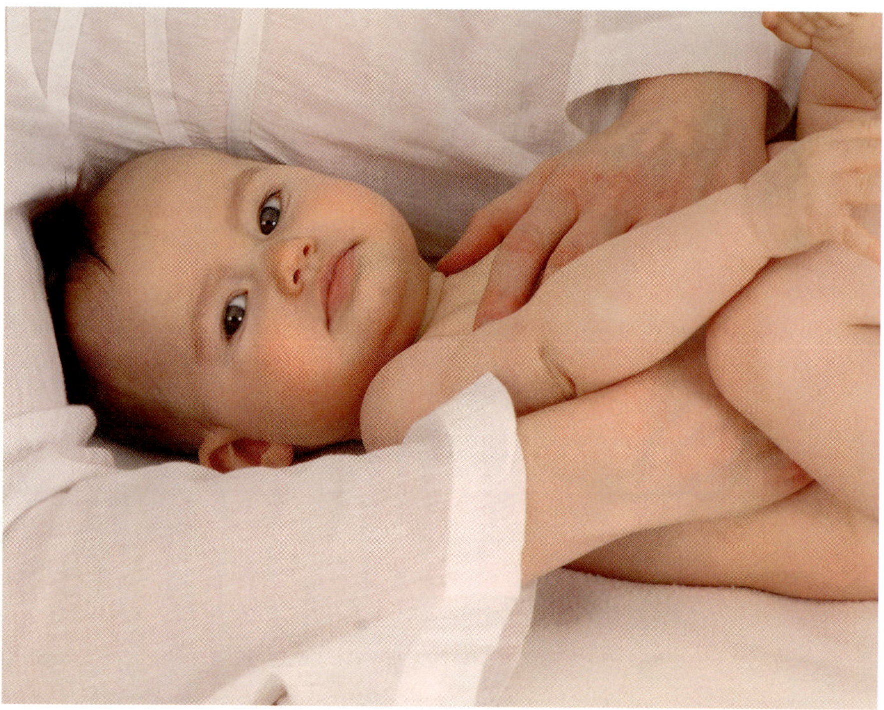

Babys brauchen nicht ständige Unterhaltung. Sie genießen auch ruhige Momente mit Mama oder Papa.

Achten Sie darauf, sich möglichst aktiv zu entspannen

Unter aktiver Entspannung ist immer eine bewusste Entspannung zu verstehen. Zum Beispiel bewusst Musik hören und nichts anderes tun, als sie auf sich wirken zu lassen.
Auch das Betrachten der Natur oder das Lauschen des Vogelzwitscherns bei einem Abendspaziergang sind bewusste Entspannung. Im Gegensatz dazu steht die passive Entspannung bei einem Mittagsschlaf oder wenn Sie sich einfach nur hinlegen, um sich auszuruhen.

Halten Sie die festen Zeiten Ihres Tagesablaufs ein

Ein konkreter Tagesplan, den Eltern sich individuell erstellt haben und möglichst konsequent einhalten, ist die beste und sicherste Hilfestellung, dem Baby das Einleben in Rhythmen zu erleichtern. Manchmal ist dieses Einleben nicht immer ganz einfach für die Eltern.

»Natürlich verstehe ich, wie schwer es einer Mutter fallen muss, zum Beispiel ihr schlafendes Kind für einen Spaziergang aufzunehmen und zu richten. Trotzdem aber empfehle ich, diese ›Unannehmlichkeiten‹ zu überwinden. Hier sollte der Blick wirklich über die momentane Situation hinausgehen. Das Verhalten Ihres Kindes wird dann dementsprechend geprägt sein.«, meint Bruno Walter.

Auch wenn der Zeitplan nicht immer mit dem aktuellen Verhalten des Babys übereinstimmt, ist er vorrangig! Halten Sie sich trotzdem an Ihren festen Plan, denn nur so kann Ihr Kind lernen, sich an Rhythmen zu gewöhnen, und sie allmählich »übernehmen«! Mit der Zeit wird es sich den Rhythmen immer mehr anpassen.

Rhythmen führen zu einem inneren Gleichgewicht

Rhythmus in Form von (Tages-)Abläufen bietet dem Kind eine verlässliche Struktur des Lebens, eine Berechenbarkeit und damit auch Sicherheit. Das ist besonders wichtig für die innere Ausgeglichenheit. Aber Rhythmus ist gleichzeitig auch die allererste Begegnung des Kindes mit der Musik.
Denken Sie an die wohltuende Wirkung von Musik auf innere Angespanntheit. Um Kinder zu beruhigen, unterstützen wir von selber die Musik oder ein Lied mit gleichmäßigem Wiegen, indem wir es hochnehmen und uns zum Rhythmus der Musik bewegen. Der Rhythmus lässt sich zur großen Freude der Kinder auch so schön selber mit dem Körper wiedergeben.
Die bei Babys so beliebten Reime, Verse und Fingerspiele werden anfangs nur über den Rhythmus erkannt. Die Wörter versteht das Kind noch nicht,

Folgende Dinge im täglichen Leben mit einem Baby sollten »ihren« Zeitpunkt haben:

- Mahlzeiten
- Schlafenszeiten oder Ruhephasen
- der tägliche Spaziergang
- die Massage
- Baden
- Spielen und aktive Zuwendung
- »aktive« Entspannung und Ruhe mit dem Kind

aber es hat Freude am Klang und an der Sprachmelodie. Langsam lernt es, die Bedeutung der einzelnen Wörter. Stehen Rhythmus und Takt zunächst im Vordergrund, so erschließt das Kind später auch Lautstärke, Tempo, Dynamik und Klangfarbe und lernt, sie zu unterscheiden.

Rhythmus bringt »Ordnung« in unser Leben, sei es über die Musik oder über den Tagesablauf. Es bringt das Zusammenhanglose in Zusammenhang und führt so zur Harmonie.

Viele Mütter haben mit dem Thema »Rhythmus« Probleme. Das liegt daran, dass unser Tagesablauf heute nicht mehr so stark wie früher von Rhythmen geprägt ist; feste Gewohnheiten sind nicht mehr so häufig in den Tagesablauf eingefügt.

Zwar verstehen Babys noch nicht die Worte, doch sie lauschen schon angestrengt dem vertrauten Klang Ihrer Stimme.

Rhythmen haben viele positive Wirkungen auf unsere Lebensgestaltung. Wenn man sich Rhythmen in Form einer Welle vorstellt, sind Wellenberg und Wellental Gegenpole, die der Phase der Aktivität und der Phase der Ruhe entsprechen.
Oft wird der Fehler gemacht, dass rhythmisches Verhalten immer mit Aktivität gleichgesetzt wird und die Einplanung von festen Ruhepausen (festgelegte persönliche Freiräume) völlig übergangen wird. Viele Eltern und Kinder hätten ein stressfreieres Miteinander, wenn sie die rhythmischen Aktivitäten und Ruhepausen konsequenter leben würden.

Feste Ruhephasen sind wichtig für kleine Kinder, um wieder Energie zu tanken.

Was Eltern wissen wollen

Beim Massieren ihres Kindes sind viele Eltern oft unsicher und es tauchen häufig bestimmte Fragen auf. In diesem Kapitel werden Sie beantwortet.

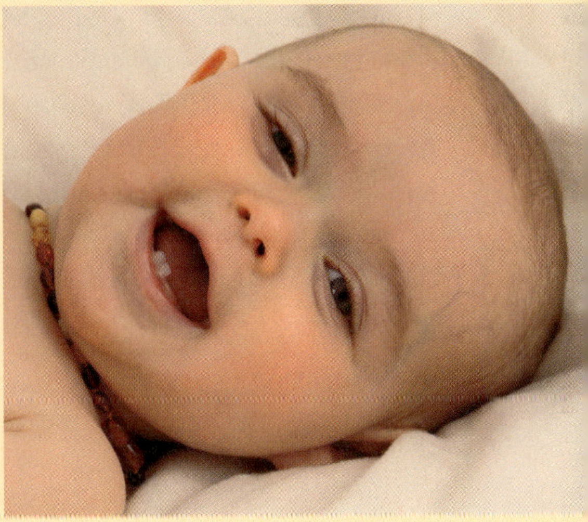

Fragen, die häufig gestellt werden

In diesem Interview mit Bruno Walter werden all jene Fragen beantwortet, die in den Kursen für Babymassage immer wieder von den Eltern gestellt werden. Die darin enthaltenen Informationen bilden eine sichere Grundlage für die Praxis.

➤ *Was tun, wenn Babys sich nicht massieren lassen wollen?*

»Zunächst muss man erst einmal herausfinden, wo das Problem liegen kann. Lässt sich das Baby vielleicht nicht gern berühren oder nicht gern ausziehen? Ist es vielleicht ungern nackt? Wenn es also zum Beispiel nicht nackt sein will, legen Sie am besten ein Tuch oder ein Hemdchen auf das Kind und fangen langsam darunter mit der Massage an, bis allmählich immer mehr Haut des Babys freiliegt.

Lässt sich das Baby ungern berühren, empfehle ich, mit der Massage an den Füßen zu beginnen und sich dann über die Beinchen des Babys langsam nach oben zu arbeiten. Das heißt zwar, dass die Reihenfolge der Massage anders ist, was in diesem Fall aber nichts ausmacht. Wenn sich dann die Massage eingespielt hat, gehen Sie zur normalen Reihenfolge über.

Ein Tuch ist oft hilfreich bei der Massage.

Grundsätzlich rate ich bei anfänglichen Problemen aber dringend dazu, mit der Massage weiterzumachen. Mit etwas Geduld und Diplo-

matie erreichen Sie so mit großer Wahrscheinlichkeit Ihr Ziel, sodass sich das Kind ruhig und freudig auf die Massage einlässt.«

➤ *Was soll man mit den Geschwistern machen, wenn das Baby massiert wird?*

»Je nach Alter sollte man die Geschwister ruhig mit in die Massage einbeziehen und auch mal mithelfen lassen. Das sollte allerdings eine Ausnahmeregelung bleiben. Die Geschwister sollten höchstens ein- bis zweimal pro Woche mit dabei sein. Wenn jedoch Eifersucht oder Konkurrenz bei den Geschwistern im Spiel ist, dann ist die Babymassage eine gute Möglichkeit, diese Problematik in den Griff zu bekommen. Generell sollte die Harmonische Babymassage aber immer nur zwischen Mutter, Vater und dem Kind allein stattfinden. Dabei sollten also auch wirklich nur der Massierende und das Kind im Raum sein.«

Auch größere Kinder können bei der Babymassage dabei sein.

Massieren Sie in einem festen Rhythmus.

➤ *Wie oft soll man die Kinder denn eigentlich massieren?*

»Ich möchte auch hier keine starren Regeln aufstellen. Wenn eine Mutter berufstätig ist und viel Stress hat, sollte sie nur jeden zweiten oder dritten Tag massieren, damit die Massage nicht auch noch zum Musstermin wird. Generell rate ich aber jeden Tag etwa um die gleiche Zeit und immer am selben Platz zu massieren, damit sich das Baby an den Rhythmus gewöhnt.«

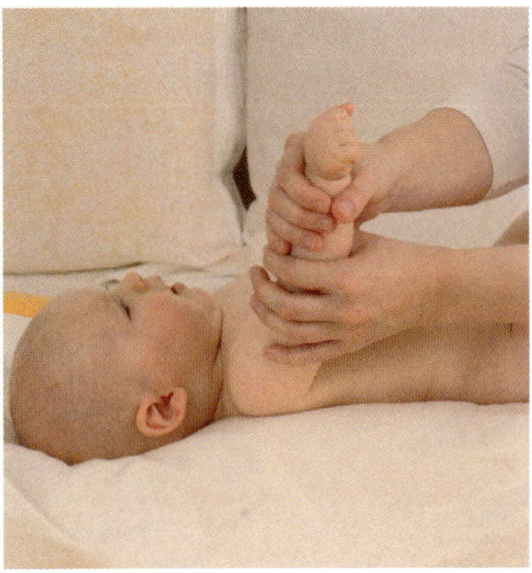

Nehmen Sie sich Zeit für die einzelnen Griffe.

➤ *Muss ich gleich von Anfang an den gesamten Massagekurs durchziehen?*

»Das wäre einer der größten Fehler und würde das Kind am Anfang auch überfordern! Machen Sie sich allmählich mit den Grundregeln der Harmonischen Babymassage vertraut, bauen Sie Ihre Kenntnisse und das Gefühl dafür langsam auf und nehmen Sie mit der Zeit immer mehr Griffe dazu. Ein Babymasseur mit Blick in ein aufgeschlagenes

Kursbuch ist mit Sicherheit nicht richtig bei der Sache und auch kein guter Masseur.«

➤ *Ab welchem Alter darf man Babys denn massieren?*

»Ein paar Tage nach der Geburt kann man rein theoretisch schon vorsichtig anfangen. Meine persönliche Meinung ist aber, dass die Mutter mit ihrem Säugling eine gewisse Übereinstimmung im Rhythmus gefunden haben sollte, der die Einplanung der Massage zulässt, was in der Regel etwa zwei bis drei Wochen nach der Geburt der Fall ist.«

➤ *Bis zu welchem Alter kann man das Baby massieren?*

»Wahrscheinlich läuft Ihnen Ihr Kind bei der Massage irgendwann davon. Aus Erfahrung kann ich aber sagen, dass viele Kinder, gerade im Kindergartenalter, urplötzlich wieder mit dem Wunsch einer Massage auf den Vater oder die Mutter zukommen.«

Auch die ganz Kleinen freuen sich schon über eine Massage.

Älter Kinder sind etwas ungestüm bei der Massage.

Der Wickeltisch ist für die Massage nicht besonders geeignet.

➤ *Darf man auch auf dem Wickeltisch massieren?*

»Diese Frage beantworte ich immer wieder mit einem eindeutigen Nein, weil dann die Massage nichts mehr mit meiner Auffassung der Harmonischen Babymassage zu tun hat. Der Wickeltisch stellt einfach schon einen deutlichen Abstand zwischen dem Massierenden und dem Kind her. Die Harmonische Babymassage beruht auf einem Miteinander, das Sie nur erreichen, wenn das Baby dabei auf Ihren Beinen liegt. Größere Kinder können in Ausnahmefällen auch zwischen die Beine gelegt werden. Eine Massage auf dem Wickeltisch verkommt allzu leicht zur bloßen Technik!«

➤ *Wie viel Ruhe ist während der Babymassage sinnvoll?*

»Die Babymassage sollte natürlich in einer ruhigen und harmonischen Umgebung stattfinden. Das heißt aber nicht, dass sie zu einem schweigsamen und meditativen Ritual werden soll! Die direkte Ansprache an das

Kind ist hierbei genauso wichtig wie im alltäglichen Umgang. Sagen Sie Ihrem Kind immer, was Sie tun und was Sie vorhaben. Spaß und Freude sollten während der Massage deutlich vermittelt werden.«

➤ *Ist das tägliche Einölen während der Massage nicht zu viel?*

»Immer wieder stellen Mütter in meinen Kursen diese Frage, weil sie Angst haben, dass die Haut des Kindes durch das ständige Einölen übersättigt wird und ihre natürliche Fähigkeit zur Rückfettung verliert. Aus meiner eigenen und auch der Erfahrung vieler Hebammen ist das eine völlig unbegründete Angst, weil in diesem Alter die Haut nach Nahrung verlangt und die Öle positiv wirken. Das Gegenteil ist der Fall. Die Haut verbessert sich. Natürliche, kaltgepresste Pflanzenöle wirken immer positiv. In sämtlichen Kulturen ölen die Naturvölker seit jeher ihre Säuglinge ein.«

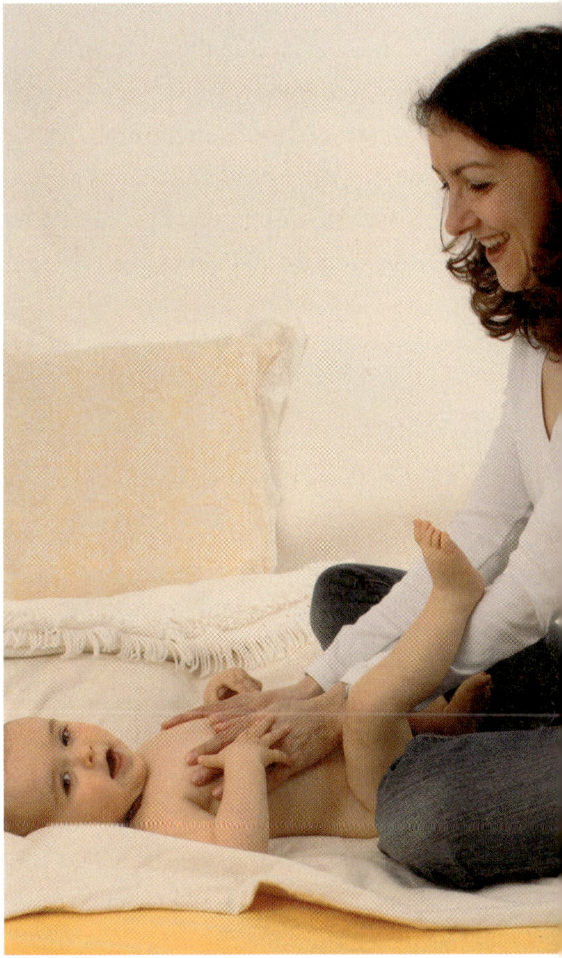

Babymassage muss nicht schweigsam sein. Sprechen Sie dabei ruhig mit Ihrem Baby und erklären Sie ihm, was Sie gerade machen.

➤ *Ist die Massage nach einem Bad nicht wirksamer?*

»Ich weiß, dass ein Bad oft im Zusammenhang mit Massage propagiert wird. Ich trenne das bei der Harmonischen Babymassage aber konsequent. Wenigstens ein paar Stunden sollten zwischen der Babymassage und einem Bad liegen. Dafür gibt es zwei Gründe: Sowohl ein Bad als auch eine Massage sind für das Kind sehr anstrengend und es kann schnell überfordert werden. Bei der Harmonischen Babymassage entwickelt sich eine ganz spezielle, energetische, durchblutungsfördernde Stimulation, die durch ein Bad wieder aufgehoben würde, weil beim Bad die Blutzirkulation und die Energie von den inneren Organen in äußere Hautschichten verlagert wird.«

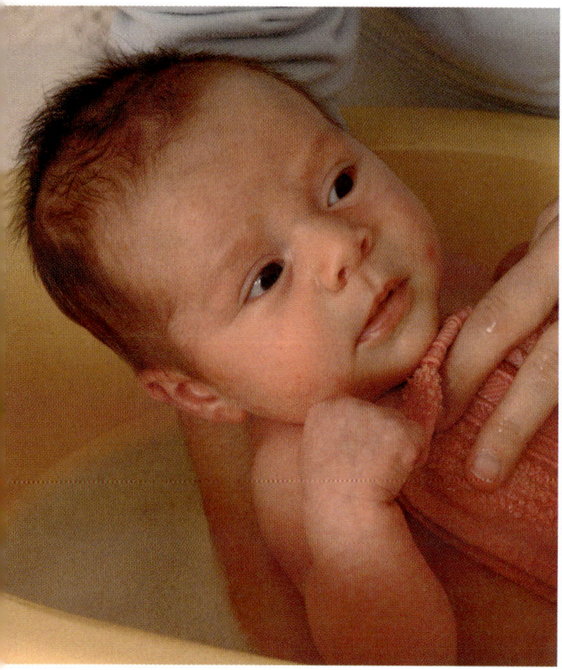

Ein Bad ist für ein Baby ein großes Ereignis, deshalb sollte eine Massage nicht direkt im Anschluss gemacht werden.

➤ *Kann man auch Frühgeborene massieren?*

»Inzwischen gibt es klinische Untersuchungsergebnisse, dass Frühchen gerade durch Babymassage viele physische und psychische Defizite leichter ausgleichen können. Selbstverständlich ist: Je kleiner und unreifer Frühgeborene sind, umso zarter muss die Massage sein und umso sanfter muss der Einstieg erarbeitet werden.«

➤ *Darf man auch kranke Kinder massieren?*

»Wenn Kinder akute Krankheiten haben, wie Grippe, Fieber, Entzündungen oder Kinderkrankheiten in der akuten Phase, gilt hier ein absolutes Nein. In der Genesungsphase allerdings ist die Harmonische Babymassage von großem Vorteil. Krankheiten und Störungen, die angeboren oder chronisch sind, können durch Massage oft – im wahrsten Sinne des Wortes – in den Griff bekommen werden. Gerade für Kinder mit Trisomie 21 oder Kinder mit Haltungsschäden, Allergien, Asthma oder Ähnlichem ist die Massage eine wunderbare Möglichkeit, mit der eigenen Problematik besser zurechtzukommen. Das gilt natürlich in hohem Maße auch für die Eltern solcher Kinder.«

➤ *Überall hört und sieht man etwas über Babymassage – ist sie nicht vielleicht nur ein Modetrend?*

»Immer wenn ungewohnte, neue Dinge in unserer Kultur thematisch und praktisch Fuß fassen, besteht natürlich die Möglichkeit, dass sie in Mode kommen oder im Trend sind. Auffallend ist aber, dass sich in den letzten Jahren immer mehr Fachleute mit der Babymassage

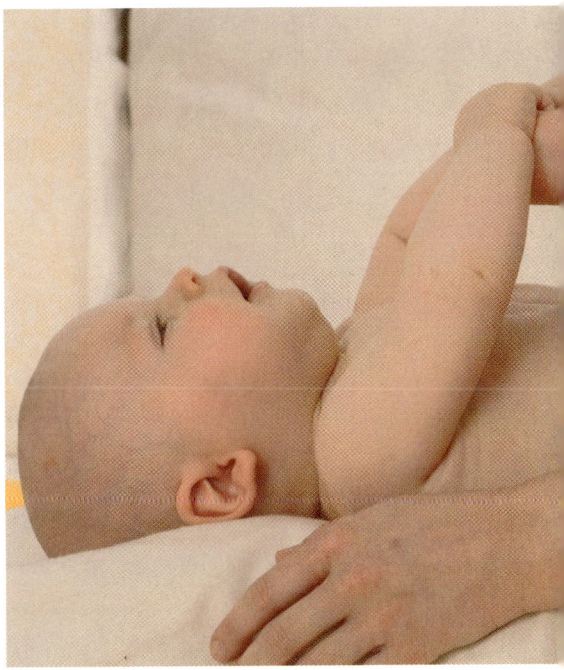

Babymassage ist nicht nur ein Modetrend, sondern wirkt sich positiv auf die Entwicklung des Kindes aus.

beschäftigt und ihren Wert und tieferen Sinn entdeckt haben. Selbst in einigen Kliniken wird Babymassage schon als fester Bestandteil des Tagesprogramms angewendet. Ich selbst nehme an, dass sie in ein paar Jahren ganz selbstverständlich ein fester Bestandteil auch in unserem Kulturkreis sein wird.«

➤ *Wie viel Förderung ist sinnvoll?*

»Nicht nur, wie in diesem Buch schon beschrieben, verschiedene Sinnesüberreizungen stören Säuglinge in ihrer Entwicklung. Auch parallel laufende Kurse wie zum Beispiel Babyschwimmen, Pekip, Babymassage und Krabbelgruppen sind sicherlich gut gemeint, aber als Gesamtpaket absolut zu viel. Entscheiden Sie sich für eine Sache und für die richtig.«

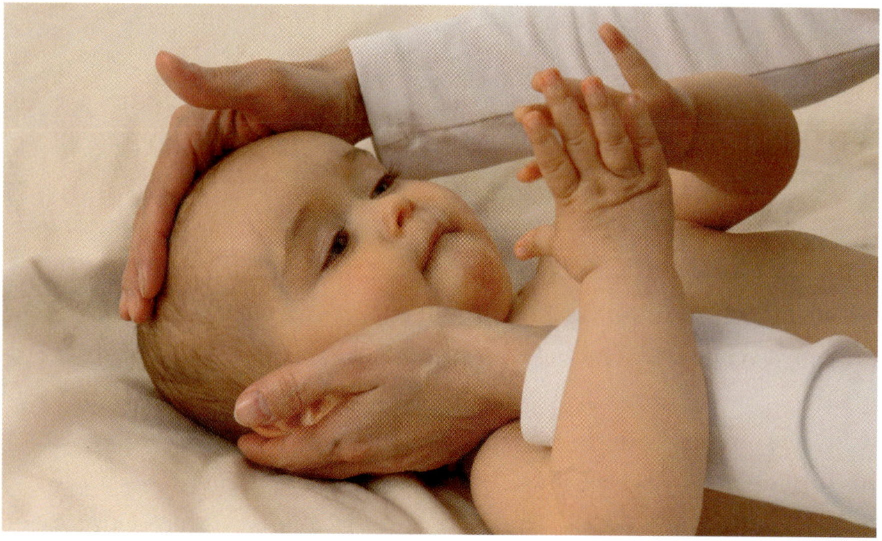

Für eine gesunde Entwicklung sind viel Liebe, Nähe und Geborgenheit unverzichtbar.

Meinungen von Müttern und Vätern

- *»Mein Mann reagierte erst einmal mit Unverständnis und schmunzelte eher, als ich ihm erzählte, dass ich mit unserer Kleinen einen Babymassagekurs absolvieren wollte. Ich ließ mich aber in meiner Absicht nicht beirren, absolvierte den Kurs und konnte ihn in einer brenzligen Situation überzeugen:*
  Wir kamen mit Sophia, damals sieben Monate alt, im Hochsommer in einen kilometerlangen Autostau, aus dem es kein Entrinnen gab. Das Kind schwitzte, schrie wie am Spieß und ließ sich nicht mehr beruhigen. Schließlich erinnerte ich mich an die altbekannte Musikkassette aus dem Massagekurs. Ich ließ sie abspielen und begann, zunächst ganz vorsichtig, ihre Füßchen zu massieren. Es dauerte gar nicht lange, da reagierte Sophia auf die Musik und auf die Massage, und ein paar Minuten später hatte sie sich beruhigt und war eingeschlafen.
  Seitdem hat auch mein Mann die Musik vom Babymassagekurs im Handgepäck und ist zum überzeugten Vertreter der Harmonischen Babymassage geworden.«

- *»Ich habe festgestellt, dass die Babymassage gut für mein Kind und auch für mich ist! Die Harmonische Babymassage ist ja mehr als nur massieren und sich wohl fühlen. Es entsteht ein ganz anderer Bezug zu dem Kind.*
  Allmählich verstand ich es dann immer besser, die körpersprachlichen Äußerungen meines Kindes wahrzunehmen. Über die körperliche Verständigung bei der Babymassage konnte ich bald viel besser mit meinem kleinen Sohn ›sprechen‹!«

Regelmäßige Massagen unterstützen den innigen Kontakt zwischen Ihrem Baby und Ihnen.

➤ *»Mir ist aufgefallen, wie stark sich mein Baby durch die Babymassage verändert hat. Das Kind war unruhig und man konnte das auch richtig sehen: Es war ständig irgendwie am Kränkeln, hatte Probleme mit dem Schlafrhythmus und quälte sich mit Blähungen. Im Laufe der Harmonischen Babymassage verschwanden diese Beschwerden deutlich. Maria schlief fester und ruhiger und die Schlafzeiten pendelten sich ein und wurden ausgedehnter. Seitdem ich unsere Kleine regelmäßig massiere, habe ich einen noch innigeren Kontakt zu ihr und fühle mich insgesamt sicherer im Umgang mit dem Kind.«*

Ein kleiner Tipp zum Schluss

Nicht zu schnell aufgeben. Auch wenn Ihr Kind die Massage zu Beginn immer wieder ablehnt, sollten Sie nicht ganz kapitulieren. Legen Sie mal einen Tag ohne Massage ein, und versuchen Sie es immer wieder.
In den meisten Fällen lassen sich auch die Babys, die sich anfangs mit der Massage schwer getan haben, nach einer gewissen Zeit ausgesprochen gern von Mutter oder Vater massieren.

Verse und Lieder zur Massage

Hier finden Sie altbekannte und bewährte Verse und Lieder, die Babys gerne hören. So macht ihnen die Massage richtig Spaß.

Massageverse

Lieder, Reime und Fingerspiele fördern die Sprachentwicklung Ihres Babys und machen ihm außerdem unglaublich viel Spaß. Schon die ganz Kleinen lieben es, wenn man ihnen vorsingt, mit ihren Händchen spielt, oder sie mit lustigen Worten sanft kitzelt.
Für die Massage eignen sich die nachfolgenden Kinderreime und -lieder ganz hervorragend. Denn so werden alle Sinne des Kindes optimal gefördert. Und selbstverständlich sind kleine Reime und zärtliche Zuwendung die besten Mittel, wenn Ihr Kind Trost und Aufmunterung benötigt.

In meinem Häuschen
sind schrecklich viel Mäuschen.
Sie kribbeln und krabbeln,
sie rischeln und rascheln
auf Tischen und Bänken,
in Kisten und Schränken.
Sie stehlen und naschen,
und will man sie haschen –
husch! sind sie weg.

Kinnewippchen
rote Lippchen
Nuppelnäschen
Augenbräuchen
zupp, zupp, Härchen.

Ei, wie langsam, ei, wie langsam,
schleicht der Schneck im Gras daher!
Potz! Da wollt ich schneller laufen,
wenn ich so ein Schnecklein wär!

Wie das Fähnchen auf dem Turm
sich kann drehn bei Wind und Sturm,
so soll sich mein Händchen drehn,
dass es eine Lust zu sehn.

Das ist die Mutter lieb und gut,
das ist der Vater mit dem frohen Mut,
das ist der Bruder schlank und groß,
das ist die Schwester mit dem Püppchen auf dem Schoß,
das ist das Kindchen zart und fein,
das soll die ganze Familie sein.

Mein herziger Schatz
hat Härlein wie Flachs,
hat Härlein wie Seiden,
drum mag ich's gut leiden.

Es geht ein Männlein über die Brücken,
hat ein Säcklein auf dem Rücken,
's Brücklein kracht,
's Männlein lacht,
plumps, da liegt es unten.

Heile, heile, Gänschen,
es wird bald wieder gut.
Die Katz, die hat ein Schwänzchen.
Nun krieg mal wieder Mut.
Heile, heile, Mäusespeck,
in hundert Jahrn ist alles weg.

Klitzekleines Zwerglein,
stieg mal auf ein Berglein.
Rutschte aus,
ging nach Haus.
Schon ist die Geschichte aus.

Regen, Regentröpfchen,
es regnet auf mein Köpfchen,
es regnet in das grüne Gras,
da werden meine Füßchen nass.

Steig aufs Bergle,
fall aber nicht herab,
oh herzig lieb's Schätzle,
brich's Füßle nit ab.

Da hast 'nen Taler,
geh auf den Markt,
kauf dir 'ne Kuh,
ein Kälbchen dazu.
Da Kälbchen hat ein Schwänzchen,
diddeldiddeldänzchen.

Alt ist nicht neu,
sauer ist nicht süß,
Händ sind keine Füß,
Füß sind keine Händ,
's Lied hat ein End.

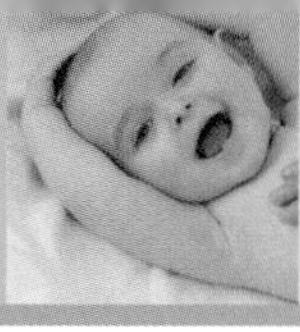

Kinder lieben kleine Reime, und Babys lauschen dabei sehr aufmerksam.

Eins, zwei, drei,
alt ist nicht neu,
neu ist nicht alt,
warm ist nicht kalt,
kalt ist nicht warm,
reich ist nicht arm.

Heile, heile Segen,
drei Tage Regen,
drei Tage Sonnenschein,
bald wird's wieder besser sein.

Roll, roll, roll,
mein Topf ist voll,
mein Bauch ist leer,
heut Abend gibt's viel Beer.

Das ist der Daumen,
der schüttelt die Pflaumen,
der liest sie auf,
der trägt sie rauf,
und der Kleine isst sie alle auf.
Da kommt ein Mäuschen,
will ins Häuschen.
Klinglingling,
ist der Herr zu Haus?

Eins, zwei, drei,
Butter auf den Brei,
Salz auf den Speck,
die Maus läuft um die Eck.

Eins, zwei, drei,
es kommt ein Fuder Heu,
es kommt ein Fuder Mandelkern,
die isst's Mareile gar so gern.

Eins, zwei, drei, vier, fünf, sechs, sieben,
wo ist unser Fritz geblieben?
Er brummelt immer hin und her,
er brummelt wie ein alter Bär.

Mein, dein, sein,
der Tisch ist noch rein,
der Magen ist leer
und brummt wie ein Bär.

Langweg,
Breitweg,
Kreuzweg,
Ellenbogen –
an der Nase gezogen.

Flöhchen klein, sprang allein,
auf den Kopf von Hänschen klein,
sprang geschwind, wie der Wind,
ärgerte das Kind.

Eins, zwei, drei,
vier, fünf, sechs,
sieben, acht, neun,
geh ins Gässchen rein.
Im Gässchen ist ein Haus,
am Haus ist ein Garten,
im Garten ist ein Baum,
im Baum ist ein Nest,
im Nest ist ein Ei,
im Ei ist ein Dotter,
im Dotter ist ein Has,
der springt dir auf die Nas!

Weißt du was?
Wenn's regnet, wird's nass,
wenn's schneit, wird's weiß,
und du bist ein alter Naseweis

Mäh, Lämmchen, mäh!
Das Lämmchen lief im Klee.
Es stieß sich an einem Steinchen,
da tat ihm weh das Beinchen,
da rief das Lämmchen mäh.

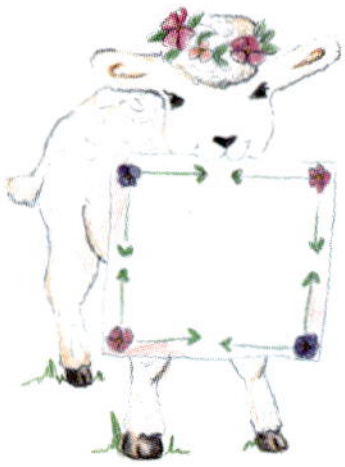

Mäh, Lämmchen, mäh!
Das Lämmchen lief im Klee.
Es stieß sich an einem Bäumlein,
da tat ihm weh sein Bäuchlein,
da rief das Lämmchen mäh.

Mäh, Lämmchen, mäh!
Das Lämmchen lief im Klee.
Es stieß sich an einem Stöckchen,
da tat ihm weh sein Köpfchen,
da rief das Lämmchen mäh.

Mäh, Lämmchen, mäh!
Das Lämmchen lief im Klee.
Es stieß sich an einem Hölzchen,
da tat ihm weh sein Pelzchen,
da rief das Lämmchen mäh.

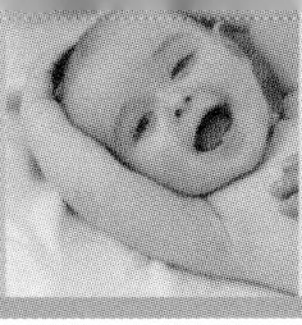

Wenn es dem Kleinen mal nicht so gut geht, helfen Verse und Lieder beim Beruhigen und Entspannen.

Der Mond ist rund,
der Mond ist rund,
er hat zwei Augen,
Nas und Mund.

Hänschen klein
ging allein
in die weite Welt hinein.
Stock und Hut
steht ihm gut,
er ist wohlgemut.
Aber Mutter weinet sehr,
hat ja nun kein Hänschen mehr.
Da besinnt
sich das Kind,
kehrt nach Haus geschwind.

Krabbelte in einem fort,
krabbelte von Ort zu Ort.
Da besinnt sich das Kind,
fängt den Floh geschwind!

Liebe, liebe Sonne,
komm ein bisschen runter!
Lass den Regen oben,
dann wollen wir dich loben.
Einer schließt den Himmel auf,
kommt die liebe Sonn' heraus.

Suse, liebe Suse,
was raschelt im Stroh?
Die Gänschen gehen barfuß
und haben kein Schuh.
Der Schuster hat's Leder,
keinen Leisten dazu.
Drum gehen die Gänschen barfuß,
ohne Strümpf und Schuh.

ABC, die Katze lief im Schnee.
Und als sie dann nach Hause kam,
da hatte sie weiße Strümpfe an –
ABC, die Katze lief im Schnee.

Zehn kleine Zappelmänner
zappeln hin und her,
zehn kleine Zappelmänner
findens gar nicht schwer.
Zehn kleine Zappelmänner
zappeln auf und nieder,
zehn kleine Zappelmänner
tun das immer wieder.

Zehn kleine Zappelmänner
zappeln ringsherum,
zehn kleine Zappelmänner,
die sind gar nicht dumm.
Zehn kleine Zappelmänner
spielen gern Versteck,
zehn kleine Zappelmänner
sind auf einmal weg.

Alle Leut, alle Leut,
gehen jetzt nach Haus.
Gehen in ihr Kämmerlein,
machen ein Schläfelein,
alle Leut, alle Leut,
gehen jetzt nach Haus.

Bimmel, bammel, bommel,
die Katze schlägt die Trommel.
Und die kleinen Mäuschen
tanzen in der Reih.
Und die ganze Erde
donnerte dabei.

Ri-Ra-Rutsch,
wir fahren in der Kutsch!
Wir fahren über Stock und Stein,
da bricht das Pferdchen sich ein Bein,
Ri-Ra-Rutsch,
es ist nichts mit der Kutsch.

Literatur, Musik und Öle

Bücher

- I. Andres: Duftberatung. Pflanzen, ätherische Öle und Essenzen, Bassermann 2002
- M. Arndt, W. Singer: Das ist der Daumen Knudeldick. Über 500 Fingerspiele und Rätsel, Ravensburger 2004
- J.-E. Berendt: Nada Brahma. Die Welt ist Klang, rororo 1985
- H. Cousto: Die kosmische Oktave, Synthesis 2004
- P. Dennison: EK für Kinder. Das Handbuch der EDU-Kinestetik, VAK Verlag 2002
- S. Fischer-Rizzi: Himmlische Düfte. Aromatherapie, At-Verlag 2002
- J. Liedloff: Auf der Suche nach dem verlorenen Glück, C. H. Beck 1999
- A. Montagu: Körperkontakt. Die Bedeutung der Haut für die Entwicklung des Menschen, Klett-Cotta 2004
- M. Montessori: Kinder sind anders, dtv 1997
- C. Muths: Farbtherapie, Heyne 1996
- A. Orthaus: Fingerspiele, Ravensburger 1996
- I. Stadelmann: Die Hebammensprechstunde, Eigenverlag 2007
- Dr. A. Tomatis: Der Klang des Lebens. vorgeburtliche Kommunikation – Die Anfänge der seelischen Entwicklung, rororo 1990
- H. Velten, B. Walter: Harmonische Kindermassage, Gondrom 2005
- H. Velten, B. Walter: Große Düfte für kleine Nasen, Kösel 2003
- F. Vester: Denken, Lernen, Vergessen, dtv 1998

Musik

Kinderträumeland, Menschenkinder Verlag,
An der Kleimannbrücke 97, 48157 Münster,
Tel.: 0251/93 25 20

Die CD zur Massage

Diese CD erhalten Sie über das Institut Bruno Walter.
Weitere Informationen zu Artikeln rund um die Harmonische Babymassage erhalten Sie ebenfalls dort.

Ätherische Öle

Primavera Life, Am Fichtenholz 5, 87477 Sulzberg, Tel. 08376/80 80
Bahnhof-Apotheke, Dietmar Wolz, Bahnhofstr. 12, 87435 Kempten,
Tel.: 0831/522 66 11, www.bahnhof-apotheke.de
Farfalla, Florastr. 18a, CH-8610 Uster, www.farfalla.ch

Vereine

Forum Essenzia e. V., Meier-Helmbrecht-Str. 4, 81377 München,
www.forum-essenzia.org
Veroma, Vereinigung für Aromatologie und Aromatherapie,
Sekretariat: Myrtha Gächter, Langächerstr. 5, CH-8907 Wettswil,
www.verona.org

Seminare

Information über die Ausbildung zur Harmonischen Baby-Kindermassage-Kursleiterin und über die Aroma-Reflexzonen-Massage bekommen Sie beim Institut Bruno Walter, Ausbildungsstätte für med. und päd. Fachpersonal, Sailerstraße 7, 87437 Kempten, Tel.: 0831/67 20 6, Fax: 0831/565 92 23, E-Mail: info@institut-bruno-walter.de, www.institut-bruno-walter.de

Aroma-Seminare

Große Düfte für kleine Nasen, Institut Bruno Walter, siehe Seite 128
Institut Balance esprit, Inge Andres, Kolpingweg 16, 79219 Staufen, Tel.: 07633/92 50 00
Institut für Aromapraxis in Therapie und Pflege, Eliane Zimmermann, Tel.: 089/89 62 32 90, E-Mail: zimmermann@aromapraxis.de, www.aromapraxis.de

Gesundheitshütte Versand
Susanne Kößler
Bezachmühle 10
87439 Kempten
Tel.: 0831/92 99 79

Kurs- und Massageartikel für Eltern und Kursleiterinnen
Bücher
CD/MC, z. B. Sandawa-Musik
Planeten-Stimmgabeln
Seidentücher
u. v. m.

Bezugsquelle für Massagezubehör und vieles mehr:
Grüne Erde GmbH
Frauenstr. 6a
80469 München
Tel.: 089/120 09 90
www.grueneerde.de

Über die Autoren

Heidi Velten arbeitete viele Jahre als Journalistin für Zeitungen und Fernsehen. Durch ihr Studium der Publizistik und speziell der Pädagogik und Psychologie entwickelte sie immer mehr Interesse an Familienthemen. 1995 gründete sie die Fotoagentur »Kunterbunt«. Sie arbeitet heute als Journalistin, Autorin und Fotografin.

Bruno Walter, Ausbilder, Fachautor, Privatdozent und Yogalehrer. Er ist der Leiter und Koordinator des Instituts Bruno Walter in Kempten. Durch langjährige Tätigkeit, Fortbildungskurse, Studium und Aufenthalt in Indien entwickelte er die traditionelle Form der Babymassage weiter und fand so einen neuen, eigenen Weg.

Haben Sie Interesse an Kursen zur Harmonischen Babymassage oder möchten Sie weitere Informationen darüber, können Sie sich wenden an:

Institut Bruno Walter
Sailerstraße 7
87437 Kempten
Tel.: 0831/672 06
Fax: 0831/565 92 23
www.institut-bruno-walter.de
E-Mail: info@institut-bruno-walter.de